AF307511

Tochter:
„Und Deine Liebe?"

Christa Andersen

Bibliografische Informationen der Deutschen Nationalbibliothek:
Die Deutsche Nationalbibliothek verzeichnet diese Publikation in
der Deutschen Nationalbibliografie; detaillierte bibliografische
Daten sind im Internet über http:/dnb.dnb.de abrufbar.

2017 Christa Andersen
Herstellung und Verlag
BOD – Books on Demand, Norderstedt

ISBN: 9783743178700

Inhaltsverzeichnis

„Wenn der Mensch die Welt nicht ändern kann,
dann muss er sich selber ändern." (Konfuzius)

Erbe

Jeden Dienstag trafen sich die beiden Freundinnen um 9 Uhr im Stadtpark. Für eine Stunde bewegten sich ihre Beine genauso intensiv wie ihr Mundwerk. So vertieft waren sie manchmal in ihre Gespräche, dass sie weder der anderen Menschen noch der Natur gewahr wurden. Die Herbstfärbung oder den feinen Schneefall, die aufkeimenden Blumen oder die intensive Sonnenstrahlung quittierten sie gewöhnlich mit einem: *„Ist es nicht mal wieder herrlich heute?"*, schweiften kurz mit wohlwollenden Blicken über die üppige Umgebung und stürzten sich in ihre persönlichen Berichte. Das Geschehen einer Woche auf ein Stündchen gedrängt! Das war nicht viel Zeit, denn an den anderen Tagen begnügten sie sich mit spärlichen kurzen E-Mails, und die auch nur im Notfall.

„Mit Herrn Dr. Müller bin ich sehr zufrieden", berichtete Erika, die gleich mit der Tür ins Haus fiel. *„Du weißt ja, dass ich ihn vor zwei Monaten eingestellt habe und meine Bedenken hatte. Er hat mir den Laden vollständig umgekrempelt! Es war natürlich mit mir abgesprochen, aber dennoch ist es nicht leicht für mich, mit anzusehen, wie er alte treue Mitarbeiter entlässt. Ich verstehe, dass es notwendig ist. Er hat mir zur Genüge erklärt, dass wir sonst keine Chance haben! Die Konkurrenz aus Fernost lässt uns keine andere Wahl! Es sind schon mehrere Firmen durch sie pleitegegangen. Ohne radikale Maßnahmen gehen wir mit Mann und Maus unter!"*

Erika hatte vor sechs Monaten die Spielzeugfabrik übernommen, die schon seit mehreren Generationen im Familienbesitz war. Bereits ihre Mutter, sie selber und auch ihre eigenen Kinder waren fast ausschließlich mit Spielsachen der Eigenmarke aufgewachsen. Sie fühlten sich alle mit ihnen sehr verbunden, kannten jedes Produkt oder glaubten, es zu kennen, liebten die bekannten Gegenstände, als hätten sie sie selber von Hand gefertigt. Dabei waren sie nicht hochkarätiger als andere, im Gegenteil vielleicht sogar einfacher und nicht durch ihre Resistenz hervorstechend. Sie stellten lediglich eine Marke mehr dar.

Erika stand vor der riesigen Aufgabe, die am Rande des

Ruins stehende Firma auf Vordermann zu bringen. Dazu benötigte man neue Ideen, neuen Wind, eine Umstrukturierung, ja sogar eine neue Ausrichtung in der Produktion. Denn aus Asien blies es stark. Gegen diese Konkurrenz zu bestehen, nicht unterzugehen, war hart genug.

Dabei brachte Erika nicht die geeigneten Voraussetzungen zur Bewältigung dieser Herausforderung; keine Kenntnisse in Betriebswirtschaft oder gar eine Ausbildung in Management hatte sie genossen, nein, sie hatte lediglich ein Kunststudium absolviert. Dadurch ließe sich vielleicht ihr guter Geschmack erklären, allerdings nicht die treffende Eigenschaft für die Führungsposition, die sie nun auszuüben hatte.

„Ja, du trägst eine enorme Verantwortung, den Angestellten ebenso wie deiner Familie gegenüber", antwortete Iris voller Verständnis. Mit der Busenfreundin konnte sich Erika über alle Themen, auch die intimsten, unterhalten. Sie wiesen einige Gemeinsamkeiten auf: Beide hatten die gefürchtete Grenze der Sechzig überschritten, dennoch trieben sie regelmäßig mit Leidenschaft verschiedene Sportarten, sie achteten auf ihre Figur sowie auf ihr Äußeres im Allgemeinen und auch kulturelle Veranstaltungen besuchten sie intensiv. Dabei zeigte ihr Erscheinungsbild einen merklichen Kontrast: Während Erika blond und blauäugig war, so war Iris schwarzhaarig mit braunen Augen. Erika war ein wenig zurückhaltend, wogegen Iris mit ihren Energien übersprudelte und offen auf die Menschen zuging. Während Erika keinen Wert auf Markenkleidung legte, achtete Iris sehr darauf. Erika stand über solchen Äußerlichkeiten, sie opponierte sogar gegen diese Abhängigkeit der meisten ihrer Bekannten; für sie zählten die inneren Werte und Reklame für exklusive Labels wollte sie schon gar nicht treiben. Iris hingegen fühlte sich ohne Namensschilder quasi nackt, sie verliehen ihr eine gewisse Sicherheit, eine Zugehörigkeit und eine Stellung in der Gesellschaftsschicht.

„So etwas hast du überhaupt nicht nötig!", hatte Erika schon öfters geurteilt, *„mit deiner ausgeprägten Persönlichkeit stehst du doch eh über den Dingen. Kein Mensch wird dich aufgrund der Marken deiner Kleidung schätzen oder einschätzen, und die, die es tun, kannst du wegen ihrer Oberflächlichkeit vergessen! Worum es geht, ist dein Wesen und deine*

Wertvorstellungen!"

„Du hast ja recht", gab Iris zu, *„aber nun erzähl weiter von Herrn Müllers Veränderungen."*

„Du kannst dir vorstellen, dass uns daran liegt, den alten Mief aufzuwirbeln, um die Firma wieder auf Vordermann zu bringen. Ich benötigte eine neue Grundeinstellung, ein neues Konzept, einen fähigen Manager und ich bin davon überzeugt, ihn in Dr. Müller gefunden zu haben. Als erstes hat er veraltete Maschinen ausrangiert und durch modernere ersetzt, weiterhin das Produktspektrum komplett umgeändert, es verkleinert und dafür die Qualität der verbleibenden Spielsachen verbessert. Die Umwälzungen schmerzen! Nicht nur die Angestellten, diejenigen, die gehen mussten, genauso wie die, die blieben, obendrein auch mich! Das Ganze birgt ein großes Risiko: Wenn die Maßnahmen erfolglos bleiben, dann treibe ich das Geschäft in den Ruin! Ich habe großes Vertrauen zu ihm, denn mir ist klar, dass ohne Umwälzungen der Betrieb eh kaputt geht. Er hat mir aufgezählt, wie viele Konkurrenten dem Druck aus Asien nicht standhalten konnten. Es ist sozusagen nur eine Frage der Zeit, wann mich der Todesstoß trifft, wenn nicht intensiv dagegen gesteuert wird. Du weißt ja, ich bin ein pragmatischer und rationaler Mensch, d.h. ich sehe ein, dass die durchgeführten Schritte angemessen sind und unterstütze sie. Aber das Schlimmste kommt noch: Er hat die Puppenabteilung geschlossen! Die hätte ich gerne beibehalten! Gerade diese Sparte weiterzuführen, sei unmöglich, meint Herr Dr. Müller. Sie steckt schon seit Jahren in den roten Zahlen. Es sei nichts zu machen! Nur Ballast. Weg damit!, hat er vehement geäußert, und so geschah es!"

„Du siehst ja, dass er stichhaltige Argumente bringt", warf Iris mit Empathie ein.

„Aber du kannst dir nicht vorstellen, welche Erinnerungen ich mit diesen Puppen verbinde! Und nicht nur ich allein! Wir alle in der Familie! Und nun sind die süßen Kreaturen einfach ausgemistet! Emilys Reaktion war unbeschreiblich!"

Erika hatte zwei Kinder, Emily und Eduard. Beide waren vollauf beschäftigt mit ihren Berufen, ihren Familien, ihrem jeweiligen Nachwuchs. Obendrein lebten sie in weiter Entfernung, standen also nicht als Hilfestellung für die Fabrikleitung zur Verfügung.

„*Erzähl doch, wie Emily reagierte!*", fragte Iris nach.

„*Als sie die Nachricht erfuhr, war sie außer sich vor Wut. Wie ich das bloß zulassen konnte? Dabei hatte sie doch in den letzten Jahren die Kleidchen entworfen und sie waren bei den Käufern gut angekommen! Sie würde die Muster weiterhin unentgeltlich liefern. Hatte ich denn kein Herz mehr? Die Puppenherstellung sei doch stets das Hauptmerkmal der Firma gewesen und jetzt einfach aufgeben, wegwerfen, zerstören, vernichten, was der Stolz der Familie über Jahrzehnte bedeutet hatte? Sie war nicht zu beruhigen. Sie wollte den Entschluss rückgängig gemacht wissen oder zumindest über die Möglichkeit der Wiedereinführung der Puppenproduktion diskutieren. Herr Dr. Müller sah aber für die kommenden Jahre keinerlei Aussichten dafür, denn der Markt sei doch auf diesem Gebiet fest in fernöstlichen Händen, wahrscheinlich auf Nimmerwiedersehen!*"

„*Das muss Emily doch einsehen und Herrn Müllers Entscheidung begrüßen!*", meinte Iris.

„*Tja, das sollte man annehmen! Aber dem ist nicht so! Sie hat die Logik ausgeschaltet. Als ich versuchte, ihr offen darzulegen, dass Herr Müller sich mit Herz und Seele einsetzt, dass er tiefgehende Recherchen durchgeführt hat, als ihr also deutlich wurde, dass ich seine Ansichten letztendlich teile, kam es zum Bruch.*"

„*Das ist doch nur eine Laune von ihr! Das ist gleich wieder vorbei!*", unterbrach Iris.

„*Der Meinung bin ich nicht*", erwiderte Erika mit ernster Miene. „*Emily fühlt sich von mir hintergangen. Sie meint, ich handele egoistisch, nähme keine Rücksicht, sei vollkommen kapitalistisch eingestellt, ginge über Leichen, begrübe die Familienidentifikation!*", sagte Erika und fuchtelte unentwegt mit den Armen in der Luft herum. „*Ich täte alles nur, um meinen Verdienst zu steigern, auf den ich nicht im Geringsten angewiesen sei. Ich hätte ja genug durch meines Mannes Rente und die Lebensversicherungen. Wozu bräuchte ich überhaupt eine weitere Einnahmequelle!*"

„*Aber sie muss doch kapieren, dass du dies für den Erhalt des Familieneigentums tust! Besitztum verpflichtet! Das hat sie sicherlich in ihrem Studium mitbekommen. Man gründet eine Firma, um damit Gewinn zu erzielen. Und auch das Finanzamt schaut darauf. Es toleriert ein Minusergebnis in der Anfangsphase, nach einer gewissen Zeit möchte es aber schwarze Zahlen sehen"*, mischte sich Iris entrüstet in die Familiensaga ein.

„Tatsache ist, dass Emily die Verbindung zu mir vollständig abgebrochen hat. Dass ich den Kontakt zu ihr so wie zu meiner Enkelin in der deprimierenden Lage mit meinem dementen Ehemann dringender brauche als jede andere Mutter und Oma, das erweicht ihr Herz nicht. Ein paar Püppchen sind ihr wichtiger als die Kommunikation mit einer lebenden, lebendigen Person."

„Das ist schon hart!", fügte Iris hinzu. *„Daniel steht dir im Unternehmen aufgrund seiner Krankheit als Stütze nicht zur Verfügung, noch schlimmer, er stellt eine zusätzliche Last dar; daraufhin holst du dir einen fähigen Manager, aber nein, seine Ideen passen dem Fräulein nicht in den Kram. Das nenne ich zickig sein!"*

„Na ja, weißt du, dass meine Ansichten nicht mit denen meiner Betriebswirtintochter übereinstimmen, das war mir längst bekannt", gab Erika zu. *„Ich hatte immer wieder nebenbei die geplanten Veränderungen erwähnt, nie aber in aller Offenheit ihre Meinung zu Rate gezogen. Uns beiden war klar, dass wir auf Kollision gehen würden. Emily plädierte stets für den Erhalt von Arbeitsplätzen, auch wenn sie nicht rentabel waren. Ich würde sie als eine Antibetriebswirtin bezeichnen und obendrein linksorientiert. Ich muss gestehen, dass ich des Öfteren versucht habe, direkten Gesprächen aus dem Wege zu gehen. Natürlich spürte Emily dies und bohrte umso mehr nach. Obwohl sie in ihrer Firma, wo es nichts zu sanieren gibt, in der Hierarchieleiter bereits aufgestiegen ist, ständig in verschiedenen Städten und sogar im Ausland unterwegs ist, findet sie dennoch die Zeit, sich in die Angelegenheiten der Familienfirma einzumischen. Oft war ich verzweifelt, denn meine Tochter wurde unmäßig laut, schrie mich sogar an! Mir war bewusst, dass ich durch die mit Herrn Dr. Müller geplanten Änderungen ein großes Risiko einging. Ich ahnte, dass sie überreagieren könnte. War es das wert, Fabrik gegen Tochter aufs Spiel zu setzen? Ich musste ihr entweder nachgeben, und die Rentabilität der Firma ging endgültig verloren, oder ich fand einen Verständigungsweg mit ihr. Mir schien, wir hätten einen Versuch auf anderthalb Jahre vereinbart. Offensichtlich haben wir uns missverstanden. Emily hat mit Rage und mit einem*

Beziehungsstopp auf die Einführung der radikalen Neuerungen reagiert."

„*Das bedeutet aber, dass die Reaktion dich nicht vollkommen ahnungslos und unvorbereitet trifft*", unterbrach Iris.

„*Ja, du hast mal wieder recht. Der Bruch prallte nicht aus heiterem Himmel auf mich nieder. Ich sah das Gewitter heranziehen. Inzwischen kommt mir ihr Verhalten wie ein geplanter Mord in Etappen vor, als hätte Emily nur noch ein stichhaltiges Motiv für den finalen Coup gebraucht. Denn sie hatte schon im vergangenen Jahr kleinere Affronts gegen mich geführt. Soll ich erzählen?*"

Und als Iris nickte, fuhr Erika fort: „*Sie hatte sich einen Gebrauchtwagen kaufen wollen. Da sie über wenig Zeit verfügte, bat sie mich, ihr bei der Suche behilflich zu sein. Das tat ich natürlich. Ich kontaktierte verschiedene Autohäuser und ging ebenfalls Annoncen durch. Emily entschied sich für ein Modell, die Papiere wurden vorbereitet und dann plötzlich erschien sie nicht zur Unterschrift. Ohne jegliche Vorwarnung! Der Händler war empört! Es handelte sich um einen guten Bekannten meines Mannes, weshalb er nicht nur einen günstigen Freundschaftspreis vereinbarte, sondern obendrein einen anderen Interessenten ausgeschlagen hatte. Und was war geschehen? Emily hatte sich in letzter Minute für ein anderes Fahrzeug entschieden, das sie über einen Kollegen empfohlen bekam. Kein Wort der Entschuldigung ihrerseits. Und das von ihr erworbene Auto bekam ich nie zu Gesicht!*"

„*Unerhört! Eine sehr egoistische und unreife Handlungsweise*", merkte Iris an. „*Geht es dir auch so, dass du dich manchmal fragst: Hab ich meine Kinder so erzogen? Was ist da schiefgelaufen? Ich erkenne meine Handschrift nicht in ihnen!*"

„*Du sprichst mir aus der Seele! Ich stehe oft sprachlos da. Ich frag mich, ob ich ein schlechtes Vorbild war. Oder können wir diese Niederlagen auf den Einfluss der Schule und der sonstigen Umwelt schieben? Ich kann dir noch ein weiteres Beispiel von Emilys Untaten berichten: Bei ihrem Auszug aus der hiesigen Wohnung besorgte ich ihr auf ihren ausdrücklichen Wunsch die Handwerker für die Renovierungsarbeiten. Auch die verwarf sie kurzerhand. Sie verließ sich lieber auf die Wahl eines Freundes. Es sind nicht ernst zu nehmende Kleinigkeiten, die erst in der Addition* ein anderes Ausmaß erlangen und äußerst verletzend auf mich wirken!"

„Das kann ich verstehen. Es würde mir genauso gehen", sagte Iris verständnisvoll. „Aber nun sag, was wirst du in Bezug auf die jetzige Situation mit der Fabrik tun? Hast du schon daran gedacht, alles einfach hinzuwerfen, die Firma bankrottgehen zu lassen? Oder an einen Verkauf? Oder gar daran, Emily die Leitung anzubieten?"

„Selbstverständlich habe ich alle Optionen schon durchgedacht. Ich sag dir, durch Daniels Krankheit habe ich nur eins gewonnen: Die alleinige Entscheidungsgewalt! Ich habe zwar einen Ratgeber verloren, andrerseits habe ich nun die Verfügungsmacht über alles, was selbstverständlich auch Verantwortung bedeutet. Es ist vorbei mit den Debatten über Pros und Contras beim Kauf eines Wagens, bei der Urlaubsplanung, Umzug oder Verbleib in einer Behausung, jetzt entscheide ich ganz alleine. Ich brauche keine Rücksicht auf seinen Geschmack zu nehmen, aber ich muss immer an das Beste auch für ihn denken. Diese Freiheit, dieser Luxus gleicht ein wenig die Schwierigkeiten aus, die mir die neue Lebenssituation mit einem Kranken bringt. Und diese Errungenschaft, dieses Geschenk soll mir nun meine Tochter nehmen? An diesem Stückchen Unabhängigkeit klammere ich mich und ich werde es bis zum Letzten verteidigen! Es ist das, wodurch mein Leben lebenswert ist!"

„Durchaus verständlich. Was sagt denn überhaupt dein Sohn zu der ganzen Angelegenheit?", wollte nun Iris wissen.

„Eduard steht auf meiner Seite. Er bezeichnet Emilys Verhalten als Erpressung, auf die ich auf keinen Fall eingehen soll. Dass sich dadurch meine Beziehung zu meiner Tochter nicht bessert, betrachtet er offensichtlich als nebensächlich. Aber ich kann und will nicht auf den Kontakt zu Emily verzichten. Das Überleben der Fabrik ist mir den Verlust eines Familienangehörigen nicht wert! Aber es ist zu spät! Die Würfel sind schon gefallen! Es kommen mir immer wieder die Worte eines Notars in den Sinn. Er pflegte zu sagen, dass eine Immobilie nicht wichtig sei. Man müsse sie loslassen, nicht an ihr hängen. Wichtig sei der Mensch! Aber nicht für alle Wesen auf dieser Welt besitzt diese Weisheit Gültigkeit!"

Als Iris dieser Sichtweise zustimmte, erläuterte Erika ihr:

„Ich habe da noch eine weitere Theorie, vielleicht klingt sie abstrus. Ich bin nämlich der Auffassung, dass ein Ungeborenes schon Dinge seiner äußeren Umgebung mitbekommt. Während meiner Schwangerschaft bin ich fast täglich in die Fabrik gegangen, genauer gesagt in die Puppenabteilung. Dort habe ich ein wenig ausgeholfen, beim Designen, beim Nähen, beim Ideen schöpfen. Mir ist so, als hätte ich meine Liebe zu den Puppen, mein Interesse für sie, mein Engagement auf meine Leibesfrucht übertragen. Das könnte doch eine Erklärung für Iris' ungewöhnliche Reaktion sein. Unbewusst hat sie Gefühle im frühesten Stadium aufgesogen, sodass sie selber gar nicht weiß, wie oder warum sie derart handelt oder reagiert."

„Eine interessante Sichtweise, die wohl nur die Neurologie bestätigen kann. Aber Musik soll ja schon auf den Fötus wirken, warum nicht auch eine wiederholte intensive Beschäftigung der Mutter?", fügte Iris hinzu.

Derweil waren beide Frauen an den Ausgangspunkt ihres Spaziergangs zurückgelangt. Sie verabschiedeten sich voneinander und schwangen sich auf ihre Räder, jede in eine andere Richtung.

„Bis nächsten Dienstag und eine schöne Woche", riefen sie sich noch schnell zu, bevor sie sich aus den Augen verloren hatten.

Erika war in Gedanken vertieft. Ihr eigener Bericht hatte sie sehr mitgenommen. Sie suchte nach Erklärungen und ließ die Vergangenheit mit der Tochter Revue passieren. Wie innig war doch ihr Verhältnis gewesen, als Emily im Alter von drei Jahren auf der Arbeitsplatte in der Küche neben der Mama sitzend dieser beim Kochen zugeschaut, sozusagen ihren ersten Kochkurs belegt hatte! Lange hatte sie noch an Mutters Rockzipfel gehangen, mit Interesse an den Kaffeekränzchen der Damen teilgenommen, sich hinzugesetzt als hätte sie eine Einladung dafür erhalten! Muttern staunte und freute sich. Umso heftiger gestaltete sich dann die zugestandenermaßen spät eingetretene Entwicklung in der Pubertät! Erika konnte ihr nicht folgen! *„Langsamer, langsamer!"*, rief sie ihrer Fünfzehnjährigen zu. Erika war überfordert. Verstand die neue Welt der Tochter nicht, die gerade noch ein Kind gewesen war. Sie musste Siebenmeilenstiefel anziehen, fand aber keine, hinkte hinterdrein! Und lernte das Schlucken. Eine Neuerung nach der anderen trat ein. Zuerst das Rauchen. Nicht gerade nur

Zigaretten. Das Kindchen lag lange im Bettchen, ohne aufstehen zu wollen. Dazu schmollend! *„Lass mich in Ruhe!"*, tönte es unter dem Bettlaken hervor.

Was sollte Erika tun? Beobachten. Gewähren lassen, um nicht Schlimmeres zu provozieren. Aber stets ein wachendes Auge auf die Eskapaden haltend, um rechtzeitig vor einem Übermaß eingreifen zu können. Saufgelage fielen auch nicht aus. Bier wurde angeschafft – und vertilgt. Partys gefeiert. Denn Emily hatte nun Anschluss gefunden, traf andere, reifere Mädchen und auch selbstverständlich Jungen. Aber einen ständigen Freund fand sie nicht, nur schnell vorübergehende Liaisons ging sie ein, während sich ihre Freundinnen längerfristig banden. Das wurmte sie. Erika erwog mit ihrem Ehemann den Gedanken, Emily ins Internat zu schicken, falls sie der Situation nicht Herr wurden. Aber sie lavierten sich durch mithilfe psychologischer Unterstützung, von der Emily nichts erfuhr. Es war eine schwierige Zeit für das Ehepaar, das aber durch diese Zeitbombe neben sich enger zusammenschmolz. Emily bemerkte nichts von den zerstörten besorgten Gesichtern ihrer Eltern. Sie warf ihnen später sogar vor, sie hätten sich nicht um sie gekümmert. Emily war bestimmt so intensiv mit sich selber beschäftigt, dass sie unfähig gewesen war, irgendetwas außerhalb ihrer selbst wahrzunehmen. Erika hatte in diesen Jahren u. a. darauf verzichtet, ihren Mann auf Geschäftsreisen zu begleiten. Emily drängte sie geradezu dazu; Erika zog es aber vor, daheim zu bleiben, um die Lage im Blick zu behalten. Dies aber war nicht Erikas einziger Verzicht. Sie sagte private Termine ab, um ihre Gegenwart zu Hause zu signalisieren, ihre Bereitschaft zu Gesprächen, obwohl letztere kaum stattfanden. Diese Opfer waren Erikas Ansicht nach eine Selbstverständlichkeit. Das Wohl und die Zukunft der Tochter hatten einen anderen Stellenwert als Kaffeeklatsch, Vernissagen oder kleine Vorträge. Sie war immer da, wenn Emily aus der Schule nach Hause kam. Sie war für sie da. Auch wenn sich Emily kurz darauf in ihr Zimmer verkroch, verschloss. Die Gegenwart der Mutter hat bestimmt trotzdem etwas bewirkt, denn die Exzesse steigerten sich nicht. Sie gehörten ohnehin in eine niedrige Kategorie, wie die Psychologin ein wenig abschätzig zu sagen pflegte, denn sie hatte selbstverständlich von viel schlimmeren erfahren.

Esoterik

Wieder war eine Woche vergangen, in der die beiden Freundinnen ihren jeweiligen Beschäftigungen nachgegangen waren. Der Dienstag präsentierte sich mit einem fast reinen blauen Himmel, in dem die Sonne ihren Aufwärtslauf voller Elan angetreten hatte.

Iris und Erika kannten sich aus der Schulzeit, hatten gemeinsam das Abitur abgelegt. Durch Studiengänge in unterschiedlichen Städten trennten sich ihre Lebensläufe. Anschließend drifteten sie aufgrund von Heirat und den Beruf ihrer Ehemänner noch weiter auseinander. Sie unterhielten nur eine lose Verbindung mittels Weihnachts- und Geburtstagskarten. Nach einer Trennungszeit von vier Jahrzehnten sollte sich der Kontakt wiederherstellen. Sie waren beide in die gleiche Stadt gezogen und stießen per Zufall bei einer Literaturveranstaltung aufeinander. Und erkannten sich! Die Freude war groß! Mit der Zeit etablierte sich der Dienstagsspaziergang in ihren Wochenrhythmen, lediglich unterbrochen durch Reisen oder gelegentliche Unpässlichkeiten. Die Jugendfreundschaft setzte sich fort, als hätte sie keinerlei Unterbrechung erlebt.

„Ich habe dir ja noch gar nicht von unserer Polenreise erzählt", ergriff Iris das Wort.

„Ja, schieß los!", ermunterte sie Erika.

„Wir waren an der Ostsee, in der Nähe von Kolberg. Das war früher mal in deutschen Händen. Der Strand ist herrlich, kilometerlang. Und die Polen haben nebst Strandkörben noch eine einfache Art, sich vor dem Wind zu schützen. Sie stellen lustige farbige Paravents auf. Das Polnische hat übrigens dieses französische Wort in seinem Vokabular übernommen. Sie sind leicht unter dem Arm wie ein gefalteter Sonnenschirm zu transportieren. Die Höhe beträgt ca. einen Meter und die Länge ist variabel, von 4 bis zu 6 Metern, manchmal werden auch zwei Gestelle kombiniert. Der Strand ist dadurch im Hochsommer bestimmt schön voll und bunt. Wir hatten Glück mit dem Wetter. Wir waren im Meer baden und haben uns auch Fahrräder gemietet. Es existiert ein herrlicher Fahrradweg. Na ja. Rat mal, wer den finanziert hat!"

„Sag bloß, dass es die Europäische Union ist!", tippte Erika und traf ins Schwarze. „Das gleiche haben wir in Nordspanien erlebt, entlang dem Jakobsweg: Dort wurden viele Kirchen mit EU-Geldern renoviert. Das hat mich maßlos aufgeregt!"

„Ich kann dir bloß sagen, dass der Radweg prima war, während die nicht sanierten Landstraßen ziemlich heruntergekommen und holprig sind. Ich radelte gemütlich und sanft vor mich hin, was mir die Autos nicht gleichtaten. Die holperten nämlich ganz schön! Diesem Nebeneinander von alt und neu begegnest du auch in Kolberg selber. Da hast du die schrecklichen heruntergekommenen Sowjetbauten, dann welche, die bereits einen Anstrich erhalten haben und durchaus passabel ausschauen und daneben anspruchsvolle Neubauten. Man merkt, das Land putzt sich heraus."

„Und wie war das Essen?"

„Hervorragend! Als Beilage immer wieder Kartoffeln, wogegen ich persönlich nichts habe. Aber nun berichte mir von dir. Hat sich deine Tochter gemeldet?"

„Ach was! Damit habe ich aber auch nicht gerechnet. Ich frage mich immer wieder, wie lange ihre Kälte andauern wird. Bis an mein Lebensende? Oder wird sie sich wieder fangen? Muss sie eventuell nur ihre Wut austoben, sie abnützen, bis sie von selbst verschwunden ist? Oder wird sie sich vielleicht an dem Tage melden, an dem sie meine Hilfe benötigt? Und wenn dieser Tag nie eintreten sollte? Alles Fragen, die nur die Zukunft beantworten wird. Aber die liegt mir in zu weiter Ferne."

„Dann musst du etwas unternehmen. Es besteht die Gefahr, dass die Situation sich verhärtet und irreversibel wird. Außerdem könnte sie dich womöglich krank machen. Dagegen musst du dich wappnen!", riet ihr Iris.

„Klar. Ich habe bereits einen Versuch gestartet, einen etwas ungewöhnlichen. Ich hatte dir ja schon von der Heilmethode Phyllis Krystal erzählt. Die habe ich bereits in einem anderen Zusammenhang angewendet. Also, die besteht darin, dass man sich selber imaginär in einen großen Kreis mit ausgestreckten Armen stellt, daneben in einen anderen Kreis eine Person, mit der man in Konflikt steht. Dann lässt man gegen den Uhrzeigersinn ein grünlich-türkises Licht an den Außenrändern der Kreise in einer

Endlosschleife durchfließen. Zuallererst muss das höhere Gewissen um Einlass gebeten werden. Ich hatte diese Methode mit meiner verstorbenen Mutter angewandt, von der ich mich lediglich loslösen wollte. Die Erfahrung, die ich machte, war frappierend! Meine Mutter machte nämlich ein tieftrauriges Gesicht und ich musste ihr ständig versichern, dass ich sie liebe, dass die Loslösung keine Bestrafung und keinerlei Racheakt bedeute, dass ich nur frei sein wollte! Laut Therapeutin sollte jeder Mensch diese Prozedur mit beiden Elternteilen durchexerzieren. Jeder von uns sei eingeengt. Mit meiner Mutter war es mühsam und oft weinte ich dabei. Bis der Tag kam, wo ich mich bereit fühlte, die Ablösungszeremonie mit der Therapeutin durchzuführen. Bei der mehr als einstündigen Sitzung flossen mir die Tränen in Strömen über die Wangen. Zur Durchführung des Trennungsaktes selber griff ich in meiner Vorstellung zu einem Holzstück, stell dir vor! Mehr Beweise für die Intensität der Bindung und der Gewalt meiner Mutter über mich brauchte es nicht! Das Erlebnis ging noch weiter: Beim Nachhause-Radeln bemerkte ich, wie sich die Wolken auftaten, um einen Sonnenstrahl durchzulassen. „Danke, Mama!", rief ich zu ihr empor. Ich empfand diese Erscheinung als Vergebung ihrerseits. Bis zum Abend spürte ich noch eine starke emotionale Spannung in mir. Aber mit meiner Mutter stand ich ab diesem Zeitpunkt in vollkommenem Frieden!"

„Das hört sich sehr stark an! Ich muss gestehen, dass ich an so einen esoterischen Firlefanz nicht glaube. Aber das Erlebnis ist da! Ich sehe, ich muss mich vielleicht doch öffnen. Es ist klar, dass man zu extravaganten Lösungen greift, wenn man auf dem klassischen Weg nicht vorwärts kommt, oder sehe ich das falsch?", kommentierte Iris irritiert.

„Vollkommen deiner Meinung. Früher hätte ich jeden ausgelacht, der solch eine Erfahrung zum Besten gibt. Aber schau, ich kann dir noch ein zweites Beispiel mit der gleichen Methode vortragen. Ich hatte meinen Bruder vorgesehen, zu dem ich ein etwas gespanntes Verhältnis habe. Aber wer drängelte sich vor, schob den Bruder fort, sprang forsch in den Kreis? Meine Schwester Angela, mit der ich mich gut verstehe, die aber immer wieder versucht, Dominanz auszuüben, wie sie im beschriebenen Handeln bewies. Angela stand ganz tief unten im Kreis wie in einer Höhle und tanzte umher, die Mundwinkel zu einem verschmitzten

Lächeln verzogen. Weißt du, an wen sie mich unwillkürlich erinnerte? An die Figur Rumpelstilzchens inmitten seines triumphierenden Gesangs. Nach einigen Sitzungen legte sich die Unruhe Angelas, obwohl sie dennoch im Kreise tanzte, jetzt aber an der Oberfläche. Und diesmal assoziierte ich sie mit jemand anderen, mit den Tanzenden Derwischen. Es war mir mulmig zumute. Aber es sind echte Erlebnisse, keine Erfindungen, das kannst du mir glauben!"

„Na klar glaub ich es dir! Aber du wirst erlauben, dass es mich in Staunen versetzt! Nun aber zu Emily. Hast du sie auch in den Kreis gestellt?", bohrte Iris weiter.

„Ja, den Versuch habe ich unternommen, obwohl ich kaum Hoffnung auf Erfolg verspürte. Ich bat sie immer wieder, nicht so hart mit mir umzugehen, aber es war aussichtslos. Sie blieb unnahbar, mit finsterem Gesicht. „Weitermachen", sagte ich mir, da ich keine andere Möglichkeit sah, sie zu erweichen. Vielleicht kommt irgendwann der Tag, aber bei ihrem eisernen Charakter kann es lange dauern."

„Dann musst du etwas anderes ausprobieren. Schreib ihr doch einen Brief. Es hat ihr offensichtlich an Anerkennung deinerseits gefehlt. Es gibt doch nur zwei geistige Dinge, nach denen wir im Leben haschen: Liebe und Anerkennung. Denk mal darüber nach."

„Du magst mal wieder Recht haben. Ich habe Emily sicherlich nicht gebührend für ihren Aufstieg gelobt. Der Grund liegt darin, dass ihre berufliche Entwicklung spät eintrat und ich sie deswegen nicht als Erfolg anerkannt habe. Ganz im Gegenteil, ich sah sie als überfällig an! Nur schleppend und mühsam ist sie vorangekommen! Tja, und das war bestimmt mein gröbster Fehler, denn durch diese Hartnäckigkeit, dieses nicht aufgeben wollen, ist ihr Triumph gerade umso mächtiger. Dennoch habe ich ihn nicht beachtet, war blind. Ich werde deinen Vorschlag mit dem Brief beherzigen. Danke dir! Aber da tauchen Assoziationen zu weit zurückliegenden Taten meinerseits in meinem Gedächtnis auf!"

„Was waren das für Taten? Willst du sie mir preisgeben?", forschte Iris nach.

„Weißt du, damals mit meiner pubertierenden Emily ergriff ich eine unlautere Maßnahme, um in ihre verborgene geheimnisvolle Welt einzudringen. Es handelte sich ja noch nicht

um die Zeit der Handys und Genossen; aber natürlich war damals schon die gleiche Kommunikationslust wie heute unter dem jungen Volk verbreitet. Da auch die Telefonkosten durch keine Flatrate entlastet waren, schrieb man sich. Und Emily hortete die Briefe etwas unordentlich in einer zugänglichen Schublade. Ich nutzte die Unachtsamkeit meiner vertrauensvollen Tochter. Ich las, während sie fleißig in der Schule saß. Auch übergab sie mir manchen Brief, damit ich ihn frankiere und zur Post bringe. Vor dem Abschicken öffnete ich die Umschläge und las den Inhalt, um auch die direkten Informationen aus der Hand meiner Tochter zu erfahren. Manch ein Umschlag war danach beschädigt und musste von mir ersetzt werden. Samt neu geschriebener Adresse! Also imitierte ich ihre Handschrift. Dieser Betrug ist nie aufgefallen, weder beim Adressaten noch bei der Absenderin. Durch das Gelesene konnte ich mich beruhigen. Der missratene Anschein, den mir Emily durch ihr aufmüpfiges Auftreten vermittelte, war nicht von schlimmen Taten begleitet. Die Psychologin, die ich aufgesucht hatte, behielt Recht. Gott sei Dank! Vor einigen Jahren habe ich meiner erstaunten Tochter meine Detektivarbeiten gebeichtet. Sie hat den Nutzen eingesehen. Was meinst du, hättest du ebenso wie ich gehandelt, um ins Innere deines Kindes zu gelangen und es schützen zu können?"

„Schwer zu sagen. Ethisch ist dein Handeln natürlich verwerflich. Heiligt der Zweck die Mittel? Fraglich. Aber ich verdamme dich deswegen nicht und verstehe dich. Nun aber tschüss! Bis nächste Woche!"

Erika blieb erst mal grübelnd stehen. Erinnerungen an die schönen Zeiten mit der Familie tauchten wieder auf. An gemeinsamen angenehmen Erlebnissen hatte es nicht gefehlt, Fahrradfahrten, Wanderungen, Ausstellungsbesuchen, Reisen, Schiurlauben. Für Emily erwies sich dann die Studienzeit schwieriger als gedacht. Die Umstellung auf den anonymen Universitätsbetrieb gestaltete sich nicht einfach. Plötzlich dann die Nachricht, Emily ziehe zu ihrem Freund, einem Inder. Die Eltern ermahnten sie abzuwarten. Sie wiesen auf die tausend Inkompatibilitäten mit einer fremden Kultur und Religionszugehörigkeit hin. Nichts zu machen. Der Elan der Jugend zog Emily fort. Es dauerte nicht lange, bis die nächste Nachricht folgte: Emily war schwanger. Der Heiratsgedanke lag einer emanzipierten jungen Frau fern. Wozu den kleinen Wisch? Daniel sah es nicht so lässig. Zu seiner Frau sprach er die Worte: *„Emily bringt mich noch ins Grab mit ihren Eskapaden!"* Und seine Demenz erfuhr einen großen Schub, von dem er sich nicht erholen sollte. Therese, das erste Enkelkind, kam auf die Welt und eroberte die Herzen aller Familienangehörigen. Emilys Zusammenleben mit dem Asiaten klappte nur so lange, bis seine Eltern davon erfahren hatten. Er sollte gefälligst schnurstracks nach Delhi zurückkehren, sie hätten eine Braut für ihn ausfindig gemacht! Eine Weile wehrte er sich. Nicht lange. Dann verschwand er und kehrte nicht wieder.

Nun war der Einsatz von Thereses Großeltern gefragt. Die hatten auch nichts dagegen und freuten sich über die Nähe zu den beiden Generationen. Sie brachten die Kleine in den Kindergarten, holten sie ab, begleiteten sie zum Turnen, dann zum Musizieren. Emily wollte ins Konzert und benötigte einen Babysitter? Erika verzichtete auf ein Treffen mit einer ehemaligen Kommilitonin und widmete sich vollauf dem Kinde. Emily fuhr ein Wochenende in die Berge zum Schilaufen? Ja, Oma übernahm die Fürsorge der Enkelin. Immer ohne zu zögern, bedenkenlos war Erika zur Stelle. Und Erika genoss diese Stunden mit Therese umso mehr, da bei Daniel die Anzeichen der Demenz stetig zunahmen. Die Kleine entwickelte sich zum Lichtblick in ihrem Leben. Diese Glückssträhne sollte nicht lange andauern. Emily, das Staatsexamen in Betriebswirtschaft in der Tasche, trat ihre erste Arbeitsstelle an und zog in eine 800 km entfernte Stadt. Mit neuem Freund. Diesmal ein Deutscher. Sie bedankte sich höflich bei den Eltern und war fort.

Erika stand nun mit leeren Händen da. So empfand sie es. Kein fröhliches Kindergelächter mehr um sie, keine Aufgabe, keine Beschäftigung mit dem reizenden Geschöpf. Nur mit dem Elend eines dahinsiechenden Lebens neben ihr. Sie riss sich zusammen. Sie würde es schon meistern. Der Kontakt zu Tochter und Enkelin war ja vorhanden, man telefonierte, man besuchte sich gegenseitig für mehrere Tage, die Türen standen offen, das Verhältnis war intakt. Reichte das alles? Zum ersten Mal in ihrem Leben erlitt Erika eine Lungenentzündung mit zweiwöchiger Einlieferung ins Krankenhaus. Danach noch eine Rekonvaleszenz von einem Monat zu Hause. Sie erholte sich nur langsam, sie, die immer so gesund

und stark gewesen war. Sie erschrak vor der Kraft der Seele, der ihr abhanden gegangenen Kraft. Ihre Schutzmaßnahmen hatten nicht gewirkt. Ihre Immunstärke war dahin. Von nun an wollte sie besser auf sich aufpassen, aber es gelang ihr nicht. Beim geringsten Zug bekam sie eine Erkältung, die sie vier Wochen lang nicht loswurde. Fünfmal in einem Winter, also fast übergleitend von der einen zur nächsten. Sie vertilgte Vitaminpräparate, machte Inhalationen und unternahm Spaziergänge zur Abhärtung. Und last, but not least: Sie lernte Entspannungsübungen. Sie musste loslassen, das Kindchen freigeben, neue Beschäftigungen suchen.

Da kam die Übernahme der Spielwarenfabrik gerade zum richtigen Augenblick. Erika war stets über die Interna auf dem Laufenden gewesen, aber ab nun trug sie die komplette Verantwortung. Dieser Herausforderung stellte sie sich im vollen Vertrauen auf ihre schlummernden Fähigkeiten. Denn *„wir sind doch zu viel mehr fähig, als wir ahnen. Unser versteckter Schatz muss nur die Gelegenheit erhalten, sich zu zeigen und zu entfalten"*, pflegte Erika zu sagen. Jetzt war sie da, die Gelegenheit.

Philosophie

Am folgenden Dienstagmorgen war das Wetter trübselig. *„Umso mehr Grund hinauszugehen"*, sagten sich die beiden Damen.

„Nun berichte mir vom Brief an Emily!", bat Iris ungeduldig.

„Ich schrieb ihn auf dein Geheiß hin, ließ ihn über Nacht liegen und korrigierte ihn am nächsten Morgen. Er schien mir durchaus gelungen. Ich schickte ihn als E-Mail, obwohl ich mich gefragt habe, ob sie meine Adresse als unerwünscht im Computer abgemeldet hat und ich direkt im Mülleimer lande. Da ich keine Antwort erhalten habe, bin ich mir nicht im Klaren, ob sie mein Schreiben überhaupt gelesen, ob sie dabei Tränen vergossen hat; ob ich ihre äußere Herzschicht aufgeweicht habe, nicht aber bis in die innere, die kompaktere gelangt bin. Es sieht so aus, als werde ich ihre Reaktion, ihre Empfindungen, ihren Kampf nie erfahren. Ich kann dir bloß wiederholen: Es tut weh! Jedes Mal, wenn ich das auf meinem Schreibtisch stehende Foto meiner Tochter mit Therese sehe, durchschießt mich der Schmerz. Ich frage mich, ob es nicht ratsam wäre, das Bild einfach zu entfernen. Aber das darf auch nicht sein!"

„Auweia! Sie ist ganz schön hart und hartnäckig. Wie war sie denn überhaupt in der letzten Zeit gewesen?"

„Oft hatte ich das Gefühl gehabt, es habe keinen Zweck mehr, mit meiner nervösen, enervierten Tochter über bestimmte Themen zu sprechen. Sie brauste sofort auf. Bisweilen habe ich einen Besuch bei ihr verkürzt, um nicht in die Streitfalle zu geraten. Ihre Aggressivität war verletzend! Und nun ist sie dabei, ihre eigene Mutter wie einen gebrauchten Turnschuh wegzuwerfen. Sie braucht mich einfach nicht mehr oder glaubt es zumindest. Neulich musste ich unwillkürlich an die mahnenden Worte einer guten Freundin denken. Du kennst sie ja: Manuela. Vor einigen Jahren erzählte sie mir sozusagen ein Gleichnis ohne direkten Hinweis auf mich, aber der Finger deutete ganz klar zu mir. Sie berichtete von ihrer eigenen Schwester, ebenfalls einer alleinerziehenden Mutter,

die die Oma ständig als Babysitterin im Einsatz hatte. Die Großmutter stand immer zur Verfügung. Genauso wie ich. Und eines Tages zog die Tochter samt neu gewonnenem Freund und dem Kind davon. Die Oma stand verlassen und mit einem gebrochenen Herzen da! Sie sagte nichts, dafür aber sprach ihr Darm eine umso deutlichere Sprache: Er entwickelte Krebs. Eine Geschichte als wäre sie meiner abgeschaut. Bei mir fehlt nur noch die Endphase. Was wird es bei mir sein? Krebs, Herzinfarkt, Alzheimer? Auf jeden Fall habe ich die damalige Warnung nicht ernst genommen. Nach dem bekannten Motto: Mir wird ja so etwas nicht geschehen! Von wegen! Die Lungenentzündung und die wiederholten Atemwegsinfekte sprechen für sich. Jeder Mensch reagiert auf seine Weise, aber die Message ist die gleiche: „Es hat mir wehgetan! Irre wehgetan!"

„Ich glaube, jetzt kannst du nur noch auf den Tag warten, an dem sich ihre Situation geändert hat", argumentierte Iris, *„an dem sich vielleicht der Freund davon gemacht hat, an dem eine schwere Krankheit sie für längere Zeit ans Bett fesselt, an dem sie arbeitslos ist oder an dem ihr die Tochter höchstgradige Schwierigkeiten in der Erziehung bereitet."*

„Gott bewahre!", schrie Erika aus. *„Sie soll glücklich sein, über all das verfügen, was sie für ein erfülltes Leben braucht! Lieber verzichte ich auf sie und meine Enkelin, als dass meine Tochter durch Leid und Schmerz wandeln muss! Es reicht schon, wenn ich es tue! Und ich sag dir, den Versuch mit dem Brief habe ich nur unternommen, um mir nicht eines Tages vorwerfen zu müssen, ich hätte etwas versäumt, ich hätte die Möglichkeit der Entente verstreichen lassen. Große Hoffnungen habe ich in die Initiative nicht gesetzt, vor allem weil ich dank der Phyllis-Krystal-Methode über ihren Stillstand informiert war. Mir war klar, dass ich Emily nicht erreichen würde, geschweige denn zur Teilnahme animieren könnte."*

„Und wie geht es nun weiter?", wollte Iris wissen.

„Ich nehme mir immer wieder vor, ohne meine Tochter zu leben, d. h. sie aus meinem Leben auszuradieren, sie zu vergessen. Das stellt sich aber als unmögliches Unterfangen heraus. Ich denke noch viel mehr an sie als sonst, im Klartext: ständig! Neulich wollte ich mich mit einem Konzertbesuch ablenken, die Musik vollauf genießen, und da saß Emily schon neben mir! Ich

frage mich, ob es Emily auch so geht, ob auch sie die Anwesenheit ihrer Mutter mehr braucht als jemals zuvor! Ich sag dir, mein Schmerz ist manchmal so groß, dass ich mir wünschte, nie Kinder in die Welt gesetzt zu haben! Auch wenn es nach Blasphemie klingt."

„Hast du dir schon mal die Frage gestellt: Wenn du nochmals leben würdest, würdest du dann alles genauso machen wie in diesem Leben? Ich persönlich habe bis dato immer mit „ja" geantwortet. Aber wenn einem so etwas Gravierendes passiert wie dir jetzt, dann kann ich mir vorstellen, dass man sein Leben überdenkt und zu einem anderen Schluss kommt. Übrigens hat mir ein Bekannter zu meinem Geburtstag vor drei Tagen eine Karte mit einem Gedicht geschickt, dass dem großen argentinischen Schriftsteller Jorge Luis Borges zugeschrieben wird, aber nicht unbedingt von ihm stammen soll. Ich habe es dabei. Soll ich es dir vorlesen?"

„Ja bitte!", erwiderte Erika. „Vielleicht bringt es mich auf angenehmere Gedanken!"

Iris holte die Karte aus der Tasche und die beiden Frauen blieben stehen, damit Iris die Verse vortragen konnte:

„Wenn ich das Leben noch einmal leben könnte,
im nächsten Leben,
würde ich versuchen, mehr Fehler zu machen.
Ich würde nicht so perfekt sein wollen,
ich würde mich mehr entspannen.
Ich wäre ein bisschen verrückter als ich gewesen bin,
ich würde viel weniger Dinge so ernst nehmen.
Ich würde nicht so gesund leben. Ich würde mehr riskieren,
würde mehr reisen, mehr Sonnenuntergänge betrachten,
mehr bergsteigen, mehr in Flüssen schwimmen.
Ich war einer dieser klugen Menschen,
die jede Minute ihres Lebens fruchtbar verbrachten.
Freilich hatte ich auch Momente der Freude,
aber wenn ich noch einmal anfangen könnte,
würde ich versuchen, nur mehr gute Augenblicke zu haben.
Falls du es noch nicht weißt,
aus diesen besteht nämlich das Leben.
Nur aus Augenblicken. Vergiss dabei nicht den jetzigen!

*Wenn ich noch einmal leben könnte,
würde ich von Frühlingsbeginn an
bis in den Spätherbst hinein barfuß gehen.
Und ich würde mit mehr Kindern spielen,
wenn ich das Leben noch vor mir hätte..."*

„Den Augenblick leben, das klingt nach asiatischer Weisheit. Davon bräuchten wir mehr! Leider bin ich nicht in der Lage, das Leben gelassen philosophisch zu betrachten!", meinte Erika. *„Ich bin zu sehr bodenständig. Rückblickend beobachte ich, dass ich bis zu meinem 55. Lebensjahr sorglos gelebt habe, in einem Paradies, das ich nicht als solches wahrgenommen habe. Ich betrachtete es als eine Selbstverständlichkeit, so etwas wie von Gott gegeben! Das Schlechte berührte mich nicht, nur ferne Andere. Das Blatt hat sich gewendet, gegen mich, und zwar so krass, dass ich inzwischen die kinderlosen Ehepaare beneide, die ich bis dato stets bemitleidet habe! Sie sind die Einsamkeit gewohnt, sie kennen das Leiden des Verlassen-Werdens nicht! Und schau her, bei Emily handelt es sich um ein ausgesprochenes Wunschkind, noch genauer um ein erkämpftes Kind! Denn mir war nach der ersten Schwangerschaft zunächst keine zweite gegönnt! Als mein Sohn Eduard das zweite Lebensjahr überschritten hatte, begannen die Mühen! Temperaturmessen war angesagt, ein Anstieg als Beweis für den Eisprung. Minimale Schwankungen als Voraussetzung für eine Schwangerschaft. Diese ließ aber auf sich warten! Zwei ganze Jahre lang! Du kannst dir vorstellen, wie Daniel und ich uns über die frohe Botschaft gefreut haben! Und nach Emilys Geburt war ich dermaßen in sie verliebt, dass ich sofort ein weiteres Baby bekommen wollte. Die Euphorie der ersten Stunden und Tage halt! Und nun, dreißig Jahre später, dreht mir dieses heiß ersehnte Wesen den Rücken zu, ignoriert mich, missachtet mich! Die Verletzung reicht bis ins Tiefste meines Ichs!"*
„Meine liebe, ich habe vollauf Verständnis für deine Gefühle. Und ich offenbare dir hiermit, dass ich auch ein wenig für dich nachgeforscht habe, um dir behilflich zu sein", fügte Iris ein. *„Ich möchte auf jeden Fall verhindern, dass du erkrankst. Die Psyche kann dem Körper mehr Schaden zufügen als ein Messerstich! Hast du schon mal von dem „Healing Code" gehört? Hatte ich auch nicht. Eine Dame erwähnte es neulich bei einem*

Treffen. Sie hält große Stücke darauf. Zu Hause habe ich dann im Internet recherchiert - gelobt sei es! - und dort fand ich folgende Erklärungen: Es basiert auf der Theorie, dass wir im Laufe unserer Kindheit negative Bilder aufnehmen, auch wenn unsere Eltern diese Ansicht nicht teilen. Die Wahrnehmung eines Kindes unterscheidet sich dramatisch von der seiner Eltern. Es entwickelt Angst, wo die Mutter nicht den geringsten Anlass dafür entdecken kann. Die Erinnerungen lagern im Unterbewusstsein und tauchen irgendwann in einer Stresssituation explosiv auf. Die Zusammenhänge mit der fernen Vergangenheit aufzudecken, ist dem Betreffenden vollkommen unmöglich. "

„Das ist ein toller Hinweis!", antwortete Erika voller Begeisterung. *„Ich gehe der Sache nach. Und hab' 'ne gute Woche!"*

Die beiden Frauen trennten sich rasch und Erika fing schon auf dem Nachhauseweg damit an, nach Begebenheiten zu forschen, die möglicherweise in Emilys Gedächtnis negativ geladen zurückgeblieben wären. Waren es die wiederholten Anginen im Säuglingsalter mit hohem Fieber und den starken Antibiotikagaben gewesen, die ihr die ersten Ängste ihres Lebens eingejagt hatten? Fühlte sie sich womöglich dem Tode nahe und ahnte nicht, welche sicheren Hilfsmittel die Mutter zu ihrer Genesung einsetzte? Wie sollte sie auch Kenntnis von Heilmitteln haben? Welches Vertrauen hatte sie in den wenigen Monaten Lebenszeit überhaupt aufbauen können? Unmöglich zu wissen, welche Gedanken in dem jungen Köpfchen herumgeisterten.

Oder handelte es sich eventuell um jenen Vorfall, als das dreijährige Kind von der Rutsche gefallen war und sich das Ärmchen gebrochen hatte? Hatte ihm dieser erste heftige bewusste Schmerz eine unvergessliche intensive belastende Furcht eingejagt? Womöglich waren es die zwei Stunden gewesen, die sie mittags wartend in der Schule verbracht hatte, als die Mutter einer Freundin vergaß, sie mitzunehmen. Dem Hausmeister war die verängstigte Emily aufgefallen und er verständigte Erika, die sie umgehend abholte. Was war derweil durch das junge Wesen an furchtgeladenen Gedanken geflossen?

Ein anderes Mal waren Mutter und dreijährige Tochter vom Fahrrad gestürzt. Da sich Erika eine Gehirnerschütterung zugezogen hatte, mussten beide eine Nacht im Krankenhaus verbringen. Im weißen sterilen Saal in der Gemeinsamkeit mit anderen Verunglückten krabbelte die verängstigte Emily heulend in das Bett ihrer Mutter. Am nächsten Morgen bat Erika um vorzeitige Entlassung, da sie ihre Kleine nicht weiter belasten wollte. Hatte dieser Angstzustand bleibende Folgen hinterlassen?

Oder war es vielmehr an jenem Abend gewesen, als Erika sie schlafend im Bettchen neben ihrem um vier Jahre älteren Bruder wohlbehalten im Hause zurückgelassen hatte, um kurz an einer Besprechung in der Nähe teilzunehmen? Emily war nämlich aufgewacht - der Bruder aber nicht! - und weinend ins Freie gelaufen. Als Erika heim kam, fand sie einen Zettel an der Haustür haften: *„Emily ist bei uns, Frau Meier"*. Die liebe Nachbarin hatte das heulende Kind zu sich genommen. Wie peinlich war es doch Erika gewesen! Die Nachbarn würden sie nun als Rabenmutter disqualifizieren! Aber welche Narben hatte das Gefühl des Verlassenseins in der zarten Seele des Mädchens hinterlassen?

Vielleicht lag die Ursache aber beim kleinen Schiunfall auf dem Schicamp. Emily hatte sich beim Lehrer über Schmerzen im Fußgelenk beklagt; der hatte sie aber als belanglos abgetan. Der Mutter teilte das Mädchen am Telefon ihre Situation mit, dass sie weiter Schilaufen sollte, obwohl sie kaum auftreten könne. Mutti bat den Lehrer um eine Auszeit für die Tochter. Die wurde für einen Tag genehmigt und dann sollte Emily normal mitmachen. Erika fühlte sich ohnmächtig durch die räumliche Distanz zur Tochter und weil ihr die medizinischen Kenntnisse für ein korrektes Urteil fehlten. Sie verließ sich auf die des Schilehrers, der mehr Erfahrung als sie auf diesem Gebiet besaß. Es sollte sich herausstellen, dass Emily Recht hatte. Nach ihrer Rückkehr suchten sie einen Orthopäden auf, der ihr genau das verschrieb, was sie selber vorgeschlagen hatte: Schonung des Fußes, kein Sport in den folgenden drei bis vier Wochen. Erika fühlte Gewissensbisse, dass sie sich beim Lehrer nicht durchgesetzt hatte. Was musste nun Emily über ihre Mutter denken? Sie hatte sie verlassen, sich nicht in ihrem Namen beim Lehrer durchgesetzt, vielleicht hätte Erika sie sogar abholen sollen. Die Mutter hatte ihr nicht beigestanden. Welche Qualen hatte Emily in den Tagen auf dem Berg durchlebt?

Oder stammten die Narben in Emilys Seele von einem vollkommen anderen Vorkommnis, auf das Erika nie stoßen würde? Vielleicht machte das Nachforschen keinen Sinn. Erika beschloss, das Grübeln einzustellen. Kind und Mutter haben doch total verschiedene Wahrnehmungsmuster, das hatte ihr Iris verraten gehabt!

Telefonat

Dieser Dienstag war düster und verregnet. Aber nichts ließ unsere beiden Heldinnen vor der gemeinsamen Unternehmung im Park zurückschrecken. Gummistiefel, Regenhose und Cape waren nebst Regenschirm schnell zur Hand. So gewappnet, marschierten sie los und knüpften an ihr eine Woche vorher unterbrochenes Gesprächsthema wieder an.

„Ich danke dir, Iris, für den Hinweis auf das „Healing Code", begann Erika. „Ich habe mich in die Thematik vertieft. Nach einer ergebnislosen Ursachenforschung bei Emily habe ich mich mit der Anwendung der Methode beschäftigt. Also ihre Entdecker oder Erfinder heißen Alex Loyd und Ben Johnson. Sie haben herausgefunden, dass man für sich selber oder für eine andere Person durch ein bestimmtes Auflegen der Hände am Kopf und ein Gebet erstaunliche Erfolge erzielen kann. Die Prozedur dauert nur sechs Minuten. Ich ließ keine Zeit verstreichen und machte mich sofort ans Werk, d. h. ich exerzierte die verschiedenen Handauflegungen und sprach das Gebet. Diesmal war der Effekt sofort zu spüren. Ich hatte Emily erreicht, ich war mir dessen vollkommen sicher. Deswegen fasste ich Mut und versuchte nochmals die misslungenen Phyllis-Krystal-Ringe. Kaum zu glauben, aber Emilys stures, versperrtes Verhalten von neulich war wie weggeblasen! Ein großer Stein fiel mir vom Herzen, das kannst du dir ja vorstellen! Ich machte mit beiden Methoden weiter, schickte immerfort Liebe und Anerkennung zu meiner Tochter hinüber. Und sie erschien mir in einem Glanz, von einer Aura umgeben, einer Madonna gleich, die sicher und stolz durchs Leben schreitet! Dabei trägt sie ein glückliches Lächeln im Gesicht und unzählige schädliche Zellen fielen beiderseits von ihrem Körper herab. Ich weiß, es klingt irre kitschig! Aber so habe ich sie halt gesehen, und zwar in ihrer Wohnung, in ihrem Schlafzimmer, als hätte sie vor meinen Augen gestanden. Meine Freude war riesig, dennoch rechne ich nicht mit einer unmittelbaren kompletten Öffnung, aber immerhin ist der Zugang nicht mehr versperrt. Der Tag wird kommen!"

„Kein Wunder, dass so viele Menschen auf diesen neuartigen energetischen Wegen Lösungsversuche zu ihren

Problemen erkunden. Wir sehen, es klappt!", bestätigte Iris. *„Aber man darf sich vielleicht nicht zu viel erhoffen und mit den Füßen auf dem Boden der Realität bleiben. Aber das tust du ja eh!"*

„Selbstverständlich! Und der erste Dämpfer ließ nicht auf sich warten! Daniel gab den Anstoß dazu. Trotz seiner beginnenden geistigen Umnachtung steht seine Familie noch klar vor ihm. Neulich äußerte er seine Verwunderung über das Ausbleiben von Telefonaten mit Emily. Ich versuchte ihn zu beschwichtigen mit Aussagen wie: „Du weißt doch, wie beschäftigt Emily ist. Und ständig auf Dienstreisen." Ich hatte ihm nichts vom Zerwürfnis erzählt, um ihm die Schmerzen darüber zu ersparen. Am Samstag, genervt durch sein beharrliches Nachfragen, platzte mir der Kragen und ich erläuterte ihm den Sachverhalt. Ich ging davon aus, dass nun das Bohren ein Ende gefunden hätte, aber nein, ich irrte. Daniel insistierte, man solle telefonieren. Das fehlte mir noch! Ich stellte mir vor, dass Emily den Hörer hinknallte. Oh welche Schmach! Welcher Schmerz! Nicht zum Aushalten für ein gekränktes Herz! Ich versuchte, ihm meine Gefühle deutlich zu machen. Nichts zu machen! Er verharrte auf sein Verlangen. Ich gab nach. Aber nur unter der Bedingung, dass er nicht weiter darauf bestand, falls Emily die Telefonverbindung willkürlich unterbrach. Er erklärte sich einverstanden."

„Das klingt ja spannend! Hast du sie erreicht?", forschte Iris nach.

„Ja, zitternd vor Aufregung und Angst wählte ich ihre Nummer. Am Apparat dann die freundliche freudige StimmeThereses: „Hallo Omi!" Meine Erleichterung und Freude kannst du dir vorstellen! Ich spürte regelrecht, wie mein Gesicht aufstrahlte, meine Augen leuchteten bestimmt, der Tag erhellte sich! Ganze dreißig Minuten lang ging die Unterhaltung mit meiner Enkelin weiter. Sie hatte viel auf Lager. Sie berichtete von den Klassenkameradinnen, von dem neuen Fernseher, von einer Kurzreise, offen, rein und ohne Hintergedanken. So einfach kann man sich verständigen, ging es mir durch den Kopf. Aber Daniel, der Dickkopf, unterbrach mich in meinem Genuss. Er drängte darauf, mit Emily zu reden. Er wollte partout nicht einsehen, dass das Gespräch mit Therese für mich ebenso wichtig war. Aber da hörte ich schon im Hintergrund die Ermahnung Emilys, die bis dahin keinen Versuch zur Unterbrechung des Telefonats in Angriff

genommen hatte, Therese solle auflegen, da sie zu einer Geburtstagsfeier aufbrechen mussten. Ich sammelte meinen ganzen Mut und bat die Kleine, sie solle die Mama ans Telefon bitten, der Opi wolle sie sprechen. Sie kam. Und was musste ich über mich ergehen lassen? „Da nutzt Mutti dich also als Schild, Papa, um mit mir zu telefonieren", sagte sie nicht ohne Bosheit. Ich verteidigte mich: „Oh nein! Ich habe nicht aus freien Stücken angerufen. Er hat mich verrückt gemacht!" Das war's. Zu viel mehr Gedankenaustausch kam es nicht. Emily machte mir klar: „Mama, du weißt, wie die Sachen stehen. Solang du die eingeführten Schritte in der Fabrik nicht rückgängig machst, rede ich nicht mit dir. Basta!" Ich wollte noch einfügen, wir hätten doch eine Versuchszeit von 18 Monaten vereinbart. Dazu kam ich nicht. Emily hängte einfach auf."

„Ihre Einstellung hat sie nochmals glasklar definiert", fügte Iris hinzu. „Was willst du nun tun? Nachgeben? Dich der Erpressung preisgeben? Ihr etwa als „Belohnung" die Führung der Firma überlassen? Man sollte doch den neuen Generationen voller innovativer Ideen die Verantwortung übergeben, oder? Vielleicht wäre es im Gegenteil ratsam, du verkaufst das Familienunternehmen, solange es noch einen Wert darstellt. Und vor allem eins: Danach verprasst du das Geld nach Gutdünken! Es steht dir zu! Als Alleineigentümerin hast du ein Anrecht darauf! Emily hält einen solchen Gedanken wahrscheinlich für unmöglich, so rührend wie du dich stets um den Erhalt der Familientradition eingesetzt hast! Eventuell ist sie der Meinung, du könntest diese Schandtat nicht vollbringen, da du keine Verwendung für das Vermögen hättest. Kann ein Mensch denn derart naiv sein? Oder gar weltfremd? Ich werde dir jetzt mal aus meiner Familie etwas erzählen, das ich noch nie jemandem preisgegeben habe."

„Dann schieß mal los!", bat Erika.

„Meine Eltern haben sich in den letzten Ehejahren öfters in den Haaren gelegen, was auch unserer hübschen jungen polnischen Putzfrau nicht unbemerkt blieb. Sie hat die Situation zum Anlass genommen, sich schmeichlerisch und schmiegsam wie eine Katze, an den Hausherrn heranzumachen. Dieser, glatte 70 Jahre alt, folgte verdattert dem Sirenengesang. Worum es der Angestellten in Wirklichkeit ging, dämmerte natürlich auch ihm! Ich hatte das Spielchen einige Wochen oder Monate beobachtet und mir gedacht: „Wenn meine Mutter mit ihren ständigen Sticheleien meinen Vater so weit treibt, dass er sie wegen der impertinenten Person verlässt und diese dann im Endeffekt mit seinem Geld durchbrennt, d. h. uns um unsere Erbschaft bringt, nein, das verzeihe ich meiner Mutter nie!" Dazu kam es nicht, denn meine Mutter entließ das Mädchen und mein Vater begehrte nicht auf."

„Ich verstehe deine Parabel!", erwiderte Erika. „Du meinst, ich solle nicht durch eine Kurzschlusshandlung gravierende Folgen für alle meine Nachfahren heraufbeschwören. Auch wenn mich Emilys Verhalten manchmal zur Weißglut bringt, muss ich Ruhe bewahren, kühl denken."

„Aber schau um uns herum", fuhr Iris fort. „Wir sind dabei eine schleichende leise Umwälzung zu erleben. Ich meine den Immobilienverkauf, und zwar nicht durch die Erben, nein, durch die Erwerber von einst. Ich höre es im Bekanntenkreis. Hier und da hapert es mit der Gesundheit. Wie ein Damoklesschwert hängt das Eintreten der Pflegebedürftigkeit über den Köpfen der älter werdenden Bevölkerung. Der eine leidet an Parkinson, ein anderer an Krebs, ja, und Infarkte haben bereits mehrere heimgesucht. Die Liste der Krankheiten ist lang und erneuert sich ständig. Ein Partner kann den anderen pflegen, was aber, wenn einer übrig bleibt? Was wird aus dem? Wer kümmert sich dann um ihn? Und die Pflege bzw. der Verbleib in einem Altenheim ist kostspielig. Also erwägen einige, das unter Schweißperlen erworbene Häuschen zu veräußern. Siehst du auch die Wandlung? Während man noch von der reichen Erbengeneration spricht, wird die nächste in vielen Fällen leer ausgehen! Vermögen wird vernichtet! Die zum Pflegefall gewordenen Alten werden ihren Besitztum für sich selber in Anspruch nehmen, ihren Lebensabend nach Möglichkeit in einem schicken Heim verbringen und die Jüngeren auf sich selbst gestellt lassen. Warum auch nicht? Die Jungen sind meist gut versorgt und es waren die Alten, die ihr Eigentum erwirtschaftet haben."

„Sozusagen von der Erben- zur Vernichtungsgeneration!", sagte Erika voller Schrecken. „Wer weiß, ob ich nicht auch eines Tages diesen harten Schritt unternehmen muss. Denn keines meiner Kinder wird sich aufopfern und mich pflegen, falls es mein Zustand erfordern sollte. Ich betrachte meine Zukunft nüchtern, ohne

Hoffnung, aber ebenso ohne Gram. Übrigens fiel mir kürzlich ein Wohnmobil auf der Autobahn auf mit der Aufschrift: „Wir verprassen das Erbe." Das passt genau zu deiner Beobachtung, auch wenn man Reisen im Wohnmobil nicht gerade mit einem Leben in Saus und Braus verbindet. Da hängt es eher von der Quantität und nicht von der Qualität ab. Auf jeden Fall genieren sich diese Reisenden nicht, ihre Vorgehensweise in alle Winde zu veröffentlichen. Zweifelsohne befindet sich die Gesellschaft im Wandel, die Wertmaßstäbe verlagern sich. Die Frage stellt sich, durch welche sie ersetzt werden..."

Die Antwort auf diese Frage blieben sich die beiden Freundinnen schuldig. Sie machten sich auf ihren jeweiligen Heimweg. Erika schwang sich nachdenklich auf ihr Fahrrad. Beim Grübeln über Emilys Erpressung stieß sie auf zwei Situationen, in denen bereits Ähnliches vonseiten Familienangehörigen in die Tat umgesetzt worden war.

Das erste Mal lag fast ein Jahrhundert zurück. Ihre eigene Mutter, Martha, hatte bei ihren erzkatholischen Eltern ihren Willen durchsetzen wollen. Als einziges Mittel, um die Zustimmung in die Ehe mit einem Juden zu erwirken, hatte sie ein Jahr lang konsequent kein Wort mit den Eltern gewechselt. Diese waren der Verzweiflung nahe und wollten sie behandeln lassen, mit dem damaligen Instrumentarium: Elektroschocks. Wie Erikas Vater öfter betont hatte, wurde von diesem Mittel Abstand genommen. Gott sei Dank! Hatte nun Emily die Durchsetzungskraft, die Stärke und das Durchhaltevermögen der Großmutter geerbt? Durchzog die Familienbande dieser Drang der Opposition und manifestierte sich nun fast krankhaft in ihrer Tochter? Und hatte nicht auch Erikas Schwester durch ihren frühen Weggang aus der häuslichen Mitte das gleiche in die Tat umgesetzt?

Aber nicht nur von dieser familiären Seite entsprang der Impuls, Druck auszuüben. Auch Daniel hatte Vergleichbares mit Erika vollbracht. Ebenfalls Erpressung angewandt. Zwar nur für anderthalb Tage. Weil Erika nicht standhielt. Weil sie nachgab. Er hatte durchgesetzt, dass alle beide für ein Jahr in einem Kibbuz in Israel lebten. Es war nach der Pensionierung. Er wollte etwas für seine Glaubensgenossen unternehmen, obwohl er gar keine Religionszugehörigkeit fühlte und kein praktizierender Jude war. In seinem Verlangen, das eher einem Befehl glich, war er vehement;

er hatte über einen Tag lang keine Nahrung zu sich genommen, war in Hungerstreik getreten, um die entsetzte Erika zu beknien. Ihr passte es überhaupt nicht. Was hatte sie in Israel, noch dazu in einem Kibbuz zu suchen? Was verband sie mit diesem Land, mit der Religion, mit den Gebräuchen? Nichts, denn sie war atheistisch aufgezogen worden und auch Daniel, ein Halbjude, hatte zeitlebens nichts damit zu tun haben wollen. War es eine späte Reue seinen Vorfahren gegenüber? Egal. Sie sah, dass es ihm ernst war. Er drohte damit, ganz dorthin ziehen zu wollen, wenn sie nicht einwilligte. In dieser Gefahrensituation trat bei Erika die Erinnerung an die von Daniel gerne preisgegebene Anekdote aus seiner Kindheit auf:

Wenn er schmollte, schickte ihn seine Mutter auf einen Ameisenhaufen vor dem benachbarten Kuhstall. Dort krabbelten ihm die Insekten die Beine empor und bissen ihn gehörig. Die Mutter erbarmte sich seiner: *„Ist es nun vorbei? Willst du nun brav sein? Dann darfst du zurückkommen!"* Er aber, bockig: *„Nein, ich bin immer noch sauer! Ich bleibe hier!"*, und dabei liefen ihm die kleinen Biester schon über die Arme! Irgendwann gab er dann auf. Für Erika ergab sich nun eine Gratwanderung. Wie lange würde Daniel mit seinem Projekt Israel durchstehen? Wofür würde er sich dann entscheiden? Ein risikoreiches Spiel! Also gab sie nach. Verbrachte im Nahen Osten das härteste Jahr ihres Lebens.

Bedeuteten diese Vorgeschichten, dass Emily vorbelastet war, von den Göttern an Marionettenfäden geführt wurde und zwanghaft handelte? Wie sollte Erika gegen solche eingesessenen Mächte ankämpfen können? Bestanden da noch Möglichkeiten für sie als Normalsterbliche? Bei einem Psychologen vorzusprechen schien ihr aussichtslos. Sie war in ein Politikum geraten. Kalter Krieg. Verhärtete Fronten. Diplomatie war gefragt. Ein Mediator vonnöten. Aber woher nehmen? Auf wen würde Emily hören, d. h. positiv reagieren? Erika befand sich erstmal in abwartender Stellung.

Eines Tages tauchten bei Erika ihr bekannte Schmerzen auf. Im Gesäß, auf der linken Seite. Da klemmte etwas. Sollte es die Wiederholung sein von jenem Vorkommnis, das sie ungefähr 15 Jahre vorher erlebt hatte? Und ebenfalls im Zusammenhang mit ihrer Tochter? Damals war die sechsmonatige Freundschaft mit deren Klassenkameraden Philip zu Ende gegangen. Dieser

Umstand hatte Emily sehr mitgenommen, sie weinte heftig, fühlte sich als Versagerin, weil sie den Freund nicht hatte halten können. Erika versuchte sie zu trösten. Und verkrampfte sich an der besagten Körperstelle. Erst krankengymnastische Übungen lösten die Spannung. Auf Erikas Frage hin, ob sich die Verkrampfung wiederholen könnte, lautete die Antwort der Therapeutin: „*Es ist nicht auszuschließen, dass bei einer erneuten seelischen Belastung die gleiche Körperstelle den Schaden von sich tragen wird.*" So weit war sie nun! Also nochmals zum Orthopäden und zur Krankengymnastik, denn an die damaligen Verrichtungen konnte sich Erika nicht mehr erinnern.

Gott

Es goss in Strömen an diesem Dienstag. Also beschlossen die beiden Damen eine Ausnahme gelten zu lassen und sich in ein nahe gelegenes Café zu verziehen. Sie fanden eine gemütliche Ecke, fern von lauschenden Ohren.

„Weißt du, Iris, ich habe in den letzten Jahren durch meine schwierige Lebenssituation mit meinem dementen Ehemann einiges hinzugelernt. An erster Stelle bin ich bescheidener geworden und vor allem dankbar für jeden schönen Tag, jedes schöne Erlebnis. Was mir früher als selbstverständlich galt, wurde dann zum Geschenk. Ich habe mir angewöhnt, den Tag zu begrüßen und zu verabschieden, der Sonne oder auch den Wolken einen guten Tag zu wünschen. Bei besonders fröhlichen Ereignissen spreche ich sogar mit Gott, an den ich ja eigentlich vorgebe, nicht zu glauben! Ich bin an einem Punkt angelangt, wo ich nicht sagen kann, ob ich an ihn glaube oder nicht. Aber sicher steht eins: Ich brauche ihn, wer immer er sein mag! Und es steht auch fest, dass ich glücklich darüber bin, Freude und Genuss erleben zu dürfen. Denn sie schienen mir durch das Auftreten von Daniels Demenz verwehrt zu sein. Seine Krankheit bedeutete für mich einen Schlussstrich in meinem Leben. Ich musste lernen zu erkennen, dass es doch noch weitergeht, mit Hochs und Tiefs, aber eben auch mit Hochs! Da wurde ich mir der Gnade bewusst!"

„So etwas kann natürlich nur jemand empfinden, der durch diese Hölle gegangen ist", sprach Iris. *„Du hast einen steinigen Weg hinter dir. Aber wo man auch hinschaut: Jeder trägt seine Art von Kreuz, früher oder später. Einem religiösen Menschen hilft dabei der Glaube, der dir fehlt oder den du dir gerade zurechtbiegst, weil du erkannt hast, dass er dir eine Stütze ist. Nimm die Krücke, warum nicht. Dafür wird dir bestimmt keine Kirchensteuer erhoben werden!"*

„Inzwischen hat mir Emilys Abwendung einen so gewaltigen Schlag versetzt, dass mich die Fähigkeit des Dankens verlassen hat. Die Kraft dazu ist mir genommen!", betonte Erika. *„Ich war stets der Meinung gewesen, das Leben stehe wie ein offenes Buch vor mir, es könne noch Vieles hineingeschrieben werden. Aber diese Kälte meiner Tochter ist mir eindeutig zu viel.*

Erinnerst du dich an Stefanie? Kurz nach ihrer Scheidung von Klaus landete sie in einer langweiligen Bürotätigkeit. Eines Tages fragte sie mich sehr deprimiert: „Siehst du noch irgendeine Chance für mich, dass ich ein reiches, ausgefülltes Leben führen könnte?" Und ich, die ich gerade die hundertprozentige ärztliche Bestätigung über Daniels Gesundheitszustand erhalten hatte, die also eine unausweichlich harte Zukunft vor mir ausgebreitet sah, ich antwortete ihr euphorisch: „Aber selbstverständlich! Das Leben birgt alles in sich, bietet einen unendlichen Reichtum! Nicht aufgeben! Nur los! Hinein!" Meine Worte entsprachen meinen Gefühlen. Damals! Aber jetzt? Nach dem Verlust meiner Tochter? Alles sieht nur düster aus! Es fällt mir manchmal schwer, mich aufzuraffen."

„Und dennoch hegst du Vertrauen in den Kreislauf des Lebens", warf Iris ein. *„Denn in dem Moment, als du alles als beendet angesehen hast, als der schlimmste Schlag deines Lebens eintraf mit Daniels Krankheit, zum gleichen Zeitpunkt ist ein lichter Schein am Horizont aufgegangen: Therese ist geboren. Die Zeit ihrer Betreuung schaffte einen klaren Ausgleich zur zunehmenden Demenz bei Daniel. Deine Enkelin war im wahrsten Sinne des Wortes ein Geschenk des Himmels für dich. Es hat das Gleichgewicht zwischen Horror und Freude wiederhergestellt."*

„Jetzt aber danke ich Gott nicht mehr; ich sehe dazu keine Veranlassung mehr", erklärte Erika. *„Stattdessen bitte ich ihn aufdringlich um Hilfe, damit ich ihm dann, im Erfolgsfalle, meinen Dank wieder aussprechen kann. „Gib mir deine Hand! Geleite mich! Steh mir bei, bitte!", tönt es aus meinem verzweifelten Herzen. Und ich habe neulich eine Verbündete gefunden, im Übrigen eine weitere Bewohnerin des Himmelsreiches! Ich fuhr nämlich zufällig an dem Gebäude vorbei, in dem eine inzwischen verstorbene Freundin gewohnt hatte. Sie hatte auch Emily sehr nahe gestanden, sie sehr geliebt und geschätzt. Ich schaute zur Wohnung empor und sprach zu Ingeborg: „Hilf mir, bitte! Du kennst Emily, du magst sie doch, du wirst die passenden Worte an sie richten können!" Voller Vertrauen schaute ich nochmal hinauf und mir war ehrlich, als stünde dort Ingeborg so wie einst. Sie, die sich selbst als Emilys Tante bezeichnet hatte, obwohl keinerlei verwandtschaftliche Bande sie einten. Und ich bin sicher, Ingeborg arbeitet von dort oben aus im Stillen und wirkt auf Emily ein."*

„Ich verstehe, du wirst immer abergläubischer", erwiderte Iris mit leichtem Sarkasmus. *„Es ist genauso mit den komischen Diäten, die die Leute anwenden, wenn Gesundheitsprobleme beginnen. Der Glaube soll ja Berge versetzen. Von mir aus. Aber sag mal: Was ist aus Bahar geworden? Du hattest deine Kräfte doch in den letzten Jahren vor Thereses Geburt noch für gemeinnützige Zwecke eingesetzt und dich dieses türkischen Gastarbeiterkindes angenommen, es schulisch gefördert. Ich kann mich erinnern, dass du mir erklärtest, dass der Name Bahar auf Deutsch „Frühling" bedeutet und dass sie ihrem Namen entsprach, dass sie als aufgewecktes fröhliches Mädchen frische Luft und den Duft von Blumen in dein Heim brachte."*

„Du hast Recht! Mit ihrem schwarzen, langen, dicken Haar, ihren großen, dunklen Augen und ihrem nicht ruhig zu stellenden Mundwerk wirbelte sie das bereits langsam erstarrende Leben in meinem Hause auf. Ich fieberte den täglichen Stunden mit meiner Schülerin entgegen. Sie schaffte dann tatsächlich erfolgreich das Gymnasium. Die Nachmittage verbrachten wir mit Lernen und mit Geplauder bei Tee und Kuchen. Die zwischen uns entstandene Innigkeit fürchtete Bahar durch Thereses Geburt zu verlieren. Ich musste ihr meine Liebe betonen und sie beschwichtigen, dass sie weiterhin ihre Stelle in meinem Herzen innehaben würde. Nur Zeit hatte ich in den folgenden Jahren nicht mehr für sie. Wir telefonierten regelmäßig. Sie ging ihren Weg, beendete ihr Studium als Grundschullehrerin und heiratete einen Kollegen. Stell dir vor: Sie erwartet für Ende des Jahres ein Kind und hat sich bei mir erkundigt, ob ich es betreuen könnte, während sie ihren Schuldienst absolviert. Ihre Eltern sind nämlich als Rentner in die Türkei zurückgekehrt. Und ob ich kann! Es stellt einen Lichtblick für mich dar. Ich freu mich wahnsinnig auf die neue Aufgabe. Es ist kaum vorstellbar, dass so ein Ersatz im richtigen Augenblick eintrifft! Natürlich wäre mir mein eigenes Enkelkind lieber, aber ein Kind von Bahar wird mir sehr nahe stehen. Es ist eine Aussicht auf eine Neuerung in meinem Leben, ein Zeichen des Weitergehens, das bei mir ein wenig Zuversicht in die Zukunft weckt."

„Ja super! Das wird dich ablenken. So wie ich dich kenne, schaffst du alle drei Aufgaben mit links. Das traue ich dir zu!", sagte Iris anerkennend. *„Wie steht es aber mit Literatur zum*

Thema Verlassenwerden. Hast du dich da schlau gemacht?"

„Da ist z. B. „Wenn Kinder den Kontakt abbrechen" von Angelika Kindt, vor kurzem, 2011, erschienen. Eines Tages will ihre eigene Tochter aus für die Mutter unerklärlichen Gründen nichts mehr von ihr wissen. Wichtig in diesem Fall ist die Tatsache, dass Maya noch eine Zwillingsschwester hatte, die einige Tage nach der Geburt auf dem Operationstisch verstarb. Diesen Tod hat Frau Kindt nicht verwunden, dieser Verlust lastet immer noch auf ihr. Und Maya weiß mit Sicherheit davon. Und dennoch lässt sie die Mutter im Stich, diese Mutter, die nun das zweite Zwillingskind auch noch verliert. Hierin sehe ich eine Parallele zu Emily: Sie trifft mich genauso wie Maya ihre Mutter in einer äußerst verwundbaren Situation an. Beide Mütter sind wir gezeichnet, geschwächt, verletzlicher als gewöhnlich. Darauf nehmen unsere Töchter keinerlei Rücksicht, was ich als Zeichen für fehlende oder eingeschlafene moralische Prinzipien deute. Beiden ist es egal, unwichtig, dass sie eine entkräftete Mutter vor sich haben, dass ihr Dolchstoß tiefer eindringen wird. Vielleicht reizt sie das einfache Opfer umso mehr. Wer weiß? Sie gewähren ihrem Egoismus freie Hand. Statt Anerkennung für das von der Mutter durchgestandene Leid, statt Bewunderung für das Ertragen des durch den Verlust eines Kindes oder des ehemals vollwertigen Ehemannes verursachten Schmerzes fügen sie uns noch einen weiteren hinzu."

„Obendrein müssten sie ja Dankbarkeit empfinden, in Emilys Fall für deine Jahre währende Unterstützung mit Therese, ebenso wie Mitleid mit deinem alltäglichen Kampf in Bezug auf Daniels Demenz. Aber diese Leiden scheinen in ihren Augen nicht zu zählen", folgerte Iris. *„Warum eigentlich? Weil ihr starke Mütter seid, die ihre Sorgen gut wegstecken und/oder kaschieren könnt? Oder, entschuldige, habt ihr es etwa aus mir unbekannten Gründen nicht anders verdient?"*

„Mag sein. Vielleicht gibt es eines Tages eine aussagekräftige Studie dazu, sodass man sich bestimmte Verhaltensregeln als Mutter an- bzw. abtrainieren kann", räumte Erika wiederum ein. *„Weißt du, was mir bei Frau Kindt noch aufgefallen ist? Ihren älteren Sohn, Max, erwähnt sie nur zu Anfang ihres Buches. Seine Stellungnahme zur Handlungsweise der Schwester ist unklar, spielt im Grunde genommen keine Rolle. Auf jeden Fall sind es häufiger die Frauen, die sich von der Mutter*

abwenden, und nicht die Männer. Aber, sag mal, hast du kürzlich per Zufall im Fernsehen den Film über Clara Immerwahr angeschaut?"

„Nein. Wer ist das denn? Habe ich noch nie von gehört."

„Sie war die erste deutsche Doktorandin in Chemie. Ihre Ideale werden ihr zum Verhängnis; sie treiben sie in den Selbstmord. Sie erträgt es nämlich nicht, dass ihr Ehemann, Fritz Haber, ebenfalls Chemiker und späterer Chemienobelpreisträger, an der Entwicklung des Giftgases für die deutschen Militärs im Ersten Weltkrieg arbeitet. Als überzeugte Pazifistin versucht sie, ihn davon abzuhalten. Sein Forschungsdrang treibt ihn aber in die entgegengesetzte Richtung. Er gibt nicht nach und nicht auf, sodass Clara schließlich keinen anderen Ausweg findet aus der ehelichen Misere und aus der Frustration, nicht als Chemikerin tätig sein zu dürfen, als den Suizid. Durch Fritz Habers Giftgas werden hunderttausend Soldaten umkommen und eine Million einen gesundheitlichen Schaden wie Blindheit erleiden. Gegen ihre Prinzipien oder gar ganz ohne solche kann Clara nicht leben. Sie stellt sie höher als alles andere, auch als ihr leibliches Kind, das sie mutterlos zurücklässt. Ihre eigene Identität, die sie ihren Idealen gleichsetzt, ist ihr das Wichtigste, verleiht ihrem Leben Sinn. Man kann es auch als Egoismus definieren. Ebenso wie bei Emily."

Iris nickte verständnisvoll und zeigte nebenbei auf die Uhr, ein klarer Aufruf zum Zahlen der Kaffees und zum Aufbruch. Sie verabschiedeten sich schnell voneinander und tauchten unverzüglich in ihren jeweiligen Wochenrhythmus ein. Am Abend, nach dem Dienst in der Firma, griff Erika zu einem Buch, das ihr durch folgendes Zitat aus der Seele sprach:

„Eine Ehe und damit auch eine Familie ist zum Scheitern verurteilt, wenn die Beteiligten unterschiedliche Vorstellungen von der Welt haben und nicht bereit sind, aufeinander zuzugehen. Sie sind dann eben keine Partner, sondern Egoisten, die <u>ihr</u> Leben führen wollen, ohne Rücksicht auf die übrigen Mitglieder der Familie."

Diese Zeilen entnahm sie Jörg Zittlau, *„Sie meinten's herzlich gut"*. Der Autor beruft sich hierbei auf Aussagen der Stuttgarter Soziologin G. Schmid-Kloss, die sich auf Paaranalysen spezialisiert hat. Die Erkenntnis über die Rücksichtslosigkeit erschien Erika für Emilys Verhalten sehr passend. Auf der gleichen Seite 136 fand sie eine weitere signifikante Aussage:

„Sie, er, die Kinder – in einer Familie kommen unterschiedliche Persönlichkeiten zusammen. Sie müssen zueinander passen, vor allem aber müssen sie sich in ihrer Unterschiedlichkeit akzeptieren, wenn die Familie eine Zukunft haben soll. Doch das ist offenbar nicht so einfach. Hört man sich bei Scheidungsanwälten, Familienrichtern und Paartherapeuten um, scheint das gegenseitige Nicht-Verstehen oder Nicht-Akzeptieren-Wollen zu den Hauptursachen für die hohen Scheidungsraten unserer Tage zu gehören."

„Genauso liegt mein Fall", dachte Erika bei sich: *„Die Parallelität zu einem Scheidungsfall ist offensichtlich, denn es geht ja einerseits um das Auseinanderdriften, um die Verschiedenartigkeit der Standpunkte, andrerseits nagt das Gefühl des Verlassen-Werdens am „Opfer". Es spielt keine Rolle, ob man vom Gatten oder von einem Kind verstoßen wird. Die Niederlage, die Schmach, die Verletzung ist vergleichbar. Meine Tochter ist von mir geschieden! Von sich aus. Von ihrer eigenen rechtlichen Grundlage aus. Berufung kann ich nicht einlegen!"*

Verrat

Wieder Dienstag. Wieder schnell aufs Fahrrad geschwungen und ab in den Park. Beide Frauen pünktlich wie immer. Nach einem kurzen Smalltalk über Nebensächlichkeiten gelangten sie schnell wieder zu ihrem aktuellen Hauptthema.

„Je länger ich über meine Tochter nachdenke, desto unheimlicher erscheint mir ihr Wesen", eröffnete Erika das Gespräch. *„Denn es handelt sich nicht um ihr erstes unmoralisches Verhalten. Vor ihrer jetzigen Erpressung, entweder Rücknahme von Dr. Müllers Maßnahmen oder kein Kontakt zu mir, hat sie vor einigen Jahren ein in meinen Augen gewaltiges Vergehen inszeniert. Ja, inszeniert, denn ein Theaterstück ist nicht besser aufgebaut!"*

„Komm schon! Erzähl schon! Du machst mich neugierig!"

„Mit zweiundzwanzig, in dem Alter, wo man sich anmaßt, die Welt verbessern zu wollen und zu können, da hat Emily ihre beste Freundin verraten. Ob es aus Eifersucht auf deren Erfolge oder aus der Überzeugung heraus war, die richtigen ethischen Werte zu vertreten, das kann ich leider nicht beurteilen. Obwohl ich aus heutiger Sicht eher zur ersten Theorie neige, verständlich, oder? Also, mit Jessica, der Schulfreundin von eh und je, teilte sie im letzten Studiensemester eine Wohnung. Jessica brillierte in allen Fächern und war bereits verlobt, der Hochzeitstermin stand schon fest. Eines Tages sah Emily ihre Kameradin in einer Disco eng umschlungen mit einem fremden jungen Mann tanzen und knutschen. Sie konnte es nicht fassen; so etwas hätte sie von der angehenden Ehefrau nicht erwartet! Emily blieb in Deckung, beobachtete weiter, ohne von Jessica wahrgenommen zu werden. Die war offensichtlich zu beschäftigt, um die Vorkommnisse um sie herum zu bemerken! Emily, kaum von ihrem Schock erholt, fasste einen Plan. All dies hat sie mir in einer reuigen Stunde erst Jahre später gebeichtet! Und ich konnte meinen Ohren nicht trauen, oder noch schlimmer: Meine Befürchtungen über den wahren Hergang des Geschehens sahen sich durch ihren Bericht bestätigt, leider. Erika verkündete Jessica am Morgen nach der Disco, dass sie am Wochenende zu den Eltern, also zu uns, fahren würde. Dies klang vollkommen plausibel, denn sie unternahm öfters Heimfahrten.

Derweil schrieb sie Manfred, dem Verlobten, der für drei Wochen ein Seminar in einer anderen Stadt absolvierte, einen anonymen Brief. Er solle doch am Samstagabend in Jessicas Wohnung erscheinen, zu der er den Schlüssel besaß. Dort würde er eine Überraschung erleben. Und so war es. Manfred ertappte Jessica mit dem Fremdling im Bett. Er zückte keinen Revolver, denn dazu war er zu zivilisiert, aber von Jessica und Verlobung wollte er nichts mehr wissen. Jessica weinte sich die Augen aus, weil sie für den anderen keine tiefen Gefühle empfand. Sie versuchte zu erklären, dass sie vor der Vermählung ein wenig Erfahrung sammeln wollte, da Manfred ihr erster und einziger sexueller Kontakt gewesen war. Von nun an könnte sie sich nehmen, wen sie wollte, antwortete Manfred. Mit der Zeit machten sich Jessica und deren Freunde Gedanken darüber, wer den anonymen Brief an Manfred geschrieben haben mochte. Der Verdacht richtete sich auf Emily, die ja doch wie von Zauberhand geführt am besagten Wochenende nicht anwesend gewesen war und Jessica direkt in die Falle gelockt hatte. Daraufhin ging Jessica, die das Examen fast nicht geschafft hätte, auf Distanz zu Emily und auch die gemeinsamen Freunde misstrauten ihr. Nicht anders empfand es übrigens ihr leiblicher Bruder. Emily sah sich isoliert, brachte aber kein Verständnis für deren aller Betrachtungsweise auf."

„Das ist ganz schön krass!", kommentierte Iris. „Zweifelsohne hat Jessica durch ihre Affäre ein Vergehen verübt, welches Recht hat Emily aber, sich einzumischen, noch weniger natürlich, der Freundin eine Falle zu stellen? Handelt so eine Busenfreundin? Ihr Verhalten würde ich als hinterhältig, boshaft, gefühllos bezeichnen. Von Egoismus ganz zu schweigen. Und die Parallele zur Vorgehensweise mit dir ist eklatant klar!"

„Entsetzen überkommt mich, wenn ich daran denke, dass ich solch eine Medea in die Welt gesetzt habe. Ich frage mich, wozu sie denn eines Tages noch fähig sein wird. Vor allem jetzt, wo ihr berufliches Vorwärtskommen sie verblendet, wo sie aus Übermut den Einsatz von machiavellistischen Methoden womöglich für gerechtfertigt betrachtet. Sie kann sich ja sagen, dass der Zweck ihrer Ideale die Mittel heiligt, mit denen sie etwas in ihren Augen Großes in die Tat umsetzt. Vielleicht male ich nur den Teufel an die Wand und es handelt sich bei ihr lediglich um einen Akt der Verdrängung von ihr und uns allen unbekannten Faktoren."

„Um dich ein wenig auf andere Gedanken zu bringen oder besser gesagt, um dir zu beweisen, dass es uns anderen Müttern nicht unbedingt so viel besser geht, berichte ich dir jetzt mal von unserem allerliebsten Robert. Er bekommt sein Studium nicht auf die Reihe. Gewechselt hat er schon mehrmals das Fach, mal war es BWL, dann doch Jura, momentan ist er zurück zur Mathematik. Aber er packt es nicht! Warum? Weil er sich nicht hinsetzt und einfach brav lernt! Im Grunde genommen ist er ein Hans-guck-in-die-Luft. Ihm fehlt die Reife. Aber wann erlangt er sie endlich? Mit 23 sollte man doch schon wissen, was man machen möchte, vor allem aber, dass man einen Beruf oder ein Auskommen im Leben braucht! Er kann uns doch nicht ewig auf der Tasche liegen! Er rafft sich nicht auf. Er bringt uns zur Weißglut! Und dabei ist er so lieb! Das liebste Wesen auf Erden! Wir haben schon alles probiert: Gut zureden, ihn auf die eigenen Füße gestellt, ohne Taschengeld von uns, psychologische Assistenz in Anspruch genommen mit und ohne ihn, wir wissen nicht mehr ein oder aus! Es treten keine bleibenden Veränderungen ein. Jeder Neustart verflüchtigt sich nach kurzer Zeit. Hier ist guter Rat teuer oder sinnlos, zwecklos. Dass es gerade unser Junge sein muss, der nichts auf die Reihe bekommt, das wurmt meinen Mann natürlich am meisten! Die beiden Mädels machen sich blendend! Nie ein Grund zur Klage. Es bleibt uns nur das Beten. Wir sehen keine Lösung oder Besserung! Und wir suchen genauso wie du nach den Gründen, finden keine oder deren zu viele. Wir befinden uns in einer Sackgasse. Uns ist klar, dass er es nicht extra macht, dass er nicht anders kann, Schluss, Punkt, aus. Er schafft es nicht, über seinen eigenen Schatten zu springen. Deprimierend ist es zu sehen, dass niemand ihm helfen kann; wir können nur daneben stehen, zuschauen und ihm Unterstützung anbieten. C'est tout! Vielleicht entwickelt er sich eines Tages plötzlich doch oder er findet eine Frau, die bei ihm das zustande bringt, wozu wir nicht fähig waren. Wir haben uns daran gewöhnen müssen, dass uns die Hände gebunden sind.“

„Von solchen Fällen habe ich schon gehört“, erwiderte Erika. „Gar nicht so einfach. Aber manchmal tritt das Wunder doch ein! Sie machen einen irren Sprung und werden selbstständig. Ihr dürft weder die Hoffnung noch ihn selber aufgeben! Was ihr bis dato unternommen habt, klingt alles ganz richtig. Und Vorwürfe sollt ihr euch nicht machen. Das führt nirgendwo hin.“

„Neulich war ich so irritiert, dass ich mich wie eine gehetzte Katze benommen habe. Wir saßen in einer großen Runde und ich goss mir gerade Milch in den Kaffee, als mir ein Tischnachbar unwirsch die Kanne aus der Hand riss. So empfand ich es zumindest. Ich reagierte pikiert und sagte würdevoll distanziert zu ihm: „Bitte sehr, nehmen Sie sie doch!“ Der Herr war sich keines Vergehens bewusst und entschuldigte sich nicht einmal. Eine Bekannte am gleichen Tisch sah mich voller Mitleid an, als wolle sie sagen: „Es war doch nicht so gemeint! Nimm es nicht so ernst!“ Dadurch habe ich gemerkt, wie verletzlich ich plötzlich geworden bin und dass ich aufpassen muss, wie ich mich verhalte.“

„Wo man hinhört, wo man hinschaut, rosig sieht es nur an der Oberfläche aus“, philosophierte Erika vor sich hin. „Und als Eltern müssen wir Einiges hinnehmen! Ein weit verbreitetes Los! Nur verschweigen die meisten ihr Leiden und posaunen es nicht lautstark in alle Winde. Somit erfährt man nichts davon. Wie viele Paare schlucken ihren Schmerz hinunter? Wie viele ertragen ihn ohne ein Wörtchen oder einen Seufzer verlauten zu lassen? Wie viele hätten Anspruch auf einen Orden, erscheinen aber nie auf einer Liste dafür? Wie viele übertünchen ihr Leid mit einem charmanten Lächeln und grenzenloser Hilfsbereitschaft anderen gegenüber? Wie viele müssten von uns gelobt und bewundert werden, nur wissen wir nichts von ihren täglichen Heldentaten? Sie fühlen sich ja auch nicht als Heroen, denn sie sind wie wir gedemütigt worden. Ganz im Gegenteil: Sie fühlen sich minderwertig, erniedrigt, unsicher, sie tendieren dazu, sich zu verstecken, um nicht von den anderen in ihrer vermeintlichen Untat entdeckt zu werden. Denn die Beschuldigung des Kindes, wie in meinem Fall, liegt tief oder setzt sich in der Tiefe fest. Und sie zieht den Betreffenden nach unten. Es fällt ihm schwer, sich aufzurichten. Die Kraft ist ihm genommen. Man muss schon ein Herkules sein, um die Sache auf die leichte Schulter zu nehmen. Oder kaltblütig. Herzlos. Das Ertragen in würdevoller Stille habe ich hautnah bei meinen Eltern erlebt. Sie dienen mir als Vorbild zum Durchhalten.“

„Im Allgemeinen sagt man ja, man könne nur aus der eigenen Erfahrung lernen, aber manchmal helfen einem Beispiele anderer doch. Spann mich nicht auf die Folter, gib mir dein

Geheimnis preis!"

„Das mit der „eigenen Erfahrung" ist schon begründet. Denn schau, ich dachte mir, dass auch ich meinen Kindern ein gutes, nachahmenswertes Exempel darbiete, indem ich mich um Daniel kümmere und ihn nicht einfach in ein Heim abschiebe. Ich ging davon aus, dass auch sie, wie so viele andere Menschen, mich dafür achten und zu mir hinaufschauen würden. Aber nein, mein ethisches Handeln zählt nicht oder es zählt nicht allein. Vielleicht betrachten sie es auch als eine Selbstverständlichkeit und andere Faktoren wiegen mehr in der Waagschale. Aber nun zu meinen Eltern. Sie haben sich rührend für meine jüngste Schwester eingesetzt. Juliane ist im Alter von achtzehn Jahren einfach von zu Hause abgehauen. Sie ist ihrem Freund gefolgt, einem 25-jährigen Franzosen namens Pierre, der sich als Schäfer durchschlug. Die Wanderschaft im Sommer durch Traumlandschaften kann man sich als Genuss vorstellen. Weniger aber die Nächte in einem einfachen Zelt. Von Komfort nicht die Rede! Die Hygiene mangelhaft. Kein fließend Wasser, nur in Kanister abgefülltes, kein Herd, nur offenes Feuer, viel fette Schafsmilch und Käse aus eigener Herstellung, Obst direkt von den Bäumen gepflückt, Märsche und Aufenthalte in der sengenden Sonne sowie unter heftigen Regengüssen. Ein Leben in der Natur mit all ihren Schönheiten und ihren Mangelerscheinungen. Aber dann brach vorzeitig der Winter ein und sie flüchteten in den wärmeren Süden Frankreichs. Ein früher Schneefall überraschte sie in den Bergen. Geeignetes Schuhwerk besaßen sie nicht. Sie froren gewaltig. Nach einigen Tagen und Nächten war der Übergang geschafft. Juliane zeigte sich von der tapferen Seite. Sie ertrug standhaft die Schmerzen in den Füßen, bis sie sie übermannten. Die Diagnose des Arztes: Erfrierungen! Zwei Zehen sollten amputiert werden. Juliane erschrak und rang sich dazu durch, nach sechsmonatiger Sendepause nun endlich die Eltern zu kontaktieren. Die holten sie ab und begleiteten sie zur Operation. Das war das Ende von Julianes Abenteuer in der Natur. Sie war geschockt und verfiel in tiefe Depressionen. Sie heulte den ganzen Tag, musste in psychiatrische Behandlung. Meine Eltern standen ihr zur Seite, ließen sie nicht fallen, ertrugen all den Schmerz, ohne mit der Wimper zu zucken. Juliane bereitete ihnen die Hölle auf Erden. Sie klagten nie. Waren immerzu für sie da. Es dauerte zwei Jahre, bis Juliane endlich ein normales Leben führen

konnte, langsam ein Studium aufnahm. Die Eltern beäugten sie, zitterten aus Angst vor einem Rückfall. Und wer sollte laut Juliane Schuld an dem ganzen Desaster sein? Die Eltern. Sie war ja nur gegangen, weil sie sich eingeengt fühlte, zum Ersticken bei jeder Entscheidung bevormundet. Dabei übersah sie vollkommen, dass sie als drittes Kind ein durch uns ältere Schwestern vorbereitetes emanzipiertes Feld betreten hatte. Wieso denn? Nein, das sah sie nicht so. Da merkte ich, wie relativ doch alles im Leben ist! Es hängt von der Perspektive ab! Gern hätte ich in ihrer Haut gesteckt und eingeheimst, was wir Größeren mühevoll erobert hatten. Auf jeden Fall keinerlei Dank vonseiten Julianes für die helfenden tatkräftigen Eltern. Nein, nur Vorwürfe. Und sie machten dennoch weiter! Waren über jedes dahin geworfene Lächeln ihrer Kleinen froh. Nahmen es auf wie einen Schatz.“

„Na klar, wenn man durch so eine Schule gegangen ist, dieses Beispiel des Ausharrens und der Bescheidenheit so echt erlebt hat, dann fühlt man sich stark genug, Ähnliches zu praktizieren. Woher haben deine Eltern wohl die Kraft geschöpft und woher du selber? Wieso schafften sie es ebenso wie du? Wieso gehen andere daran zugrunde? Die Persönlichkeit macht es aus. Und eins ist klar: Man muss eine positive Einstellung bewahren, frei von Wut und Hass. Zerstörerische Elemente führen in eine Sackgasse, wirken hemmend.“

„Genau das versuche ich: Alles ins Positive zu verwandeln. Jeden Sonnenstrahl nehme ich auf und schicke ihn weiter an Emily, am liebsten beladen mit einem Engel mit ausgestreckten Armen! Neulich, bei einem Ausflug zu einem Wallfahrtsort betete ich, ja, ich, die Ungläubige!, inbrünstig die dortige Marienfigur an, bat sie um Hilfe! Wer könnte mich besser verstehen, als diejenige, die selber durch ihren Sohn großes Leid hat ertragen müssen? Weißt du, das war so ein Ausflug der Gemeinde und ich musste mich immer wieder von der Gruppe absondern, damit ich sozusagen mein Privatgespräch mit der Heiligen führen konnte und andrerseits um nicht jedermann meinen Schmerz preiszugeben. Hin und wieder verschwand ich also allein im Kirchlein und trug Maria mein Anliegen vor, damit sie mich ja nicht übersehe oder vergesse. Na ja, bei all den Bittstellerinnen wäre es ja kein Wunder! Auf der Heimfahrt goss es in Strömen. Aber das letzte Stückchen Fußweg war trocken und der Himmel erleuchtete sich mit einem Regenbogen. Obendrein war er vollständig! War das nicht ein Zeichen? So verstand ich es und bedankte mich innigst bei meiner Wohltäterin!"

„Ja und? Gibt es da eine Nachgeschichte?"

„Allerdings! Tags darauf rief nämlich Therese an. Mehr Beweise benötige ich nicht!"

„Das gibt Zuversicht. Also weiter so auf dem Weg der Demut und des Bittens! Die Frage ist nur, ob die Zeit reichen wird, ob deine Tochter sich möglicherweise erst dann fürs Zurückkommen entscheidet, wenn es bereits zu spät geworden ist, du nicht mehr bist oder z. B. Alzheimer bekommen hast. Das wäre sehr schade! Schau, meine Mutter hatte mich, als sie selber den Krebs in ihrem Körper auftauchen spürte, aufgefordert, mit ihr zu reden. Ich verstand nicht, worauf sie hinaus wollte. Denn wir unterhielten ein herzliches Miteinander und keine Wände trennten uns. Allein meine Mutter hatte die Zeit davonrinnen sehen. Daraus habe ich gelernt, dass man mit ihr nicht spielen darf, denn sie ist die Bestimmende, nicht wir. Aber damals, Anfang dreißig, habe ich diese Weisheit genauso wenig beherzigt wie nun deine Emily, auf dem Zenit ihrer Karriere stehend und sich über Vieles erhaben dünkend! Nun wünsch ich dir eine entspannte Woche!"

„Ich dir auch!"

Schmerz

Im Verlauf der Woche stürzte sich Erika mehrmals in die Welt der Bücher, in der sie sich stets heimisch gefühlt hatte. Sie suchte Unterstützung, welche ihr nicht nur einfache Ratgeber boten. Gewappnet mit neuen Erkenntnissen, trat sie am folgenden Dienstag vor ihre Freundin.

„Über Umschweife bin ich in meinen Lektüren zu neuen Schlussfolgerungen gelangt. Mit dem Schmerz des Verlassen-Werdens müssen bekanntlich auch Ehefrauen oder Geliebte zurechtkommen. So auch Dora Maar, die von Picasso für die nächste aufgegebene Frau. Dora Maar überlebt sogar den großen Meister, was andere seiner Geliebten wie Jacqueline und Marie Thérèse durch Suizid vermeiden. Wie schafft sie es aber, mit dem Schmerz zu leben? Sie fällt in eine Phase der Depression, aus der ihr der bekannte französische Psychoanalytiker Lacan in gewisser Weise heraushilft. Ihre Biografin Nicole Avril beschreibt sie in „Moi, Dora Maar" auf Seite 172 folgendermaßen. Ich lese dir mal kurz daraus vor:

„Lacan m'a appris à vivre avec elle (la douleur). *Je n'en ai pas fait une amie, ce serait encore la tenir à distance. Je me la suis incorporée. Elle est devenue mon tissu conjonctif, la fibre de mes muscles, la matière de mon être et sa manière aussi. Elle ne m'a pas détruite et je ne l'ai pas détruite non plus." Frei von mir übersetzt lautet der Text: „Lacan hat mir beigebracht mit ihm (dem Schmerz) zu leben. Ich habe ihn nicht zu meinem Freund gemacht, das hieße ihn noch von mir fernzuhalten. Ich habe ihn in mir aufgenommen. Er wurde mein Bindegewebe, Faser meiner Muskeln, Grundbestandteil meines Wesens so wie auch meiner Wesensart. Er hat mich nicht zerstört so wenig wie ich ihn zerstört habe."*

„Kann man Schmerz besser wiedergeben?", kommentierte Iris diese gelungene Beschreibung von Kummer. *„Hör mal zu: Freunde, die ihre Tochter durch Selbstmord verloren haben, sprechen sehr ähnliche Worte: „Magda ist permanent präsent. Man geht aus, trifft Freunde, verbringt einen unterhaltsamen Abend, aber die Ablenkung – denn etwas anderes ist es ja nicht – verweilt lediglich an der Oberfläche, ist nur eine Täuschung. Im Innern*

lodert es weiter. Dem Kampf kann man nur erliegen. Er ist nicht zu gewinnen. Er bietet keine Lösung, keinen Ausgang, geschweige denn ein Ende." So reden sie. Ist das nicht traurig?"

„Ja, vor allem der fehlende Abschluss. Das stellt eine Gemeinsamkeit zwischen dem Selbstmord und der Funkstille dar. Aber hör weiter. Im gleichen Werk fand ich auch Trost, hier auf Seite 224:

„Il (Georges Bataille) prétendait qu'entre deux êtres qui s'aiment, celui qui parvient à s'attacher opiniâtrement et avec un soin maniaque à tourmenter l'autre est celui des deux qui aime le plus. Ne faut-il pas, toujours selon Bataille, penser à l'être aimé à chaque instant, lui consacrer son temps, son imagination et jusqu'à ses forces créatrices pour réussir à le bien faire souffrir?" Hier nochmals eine Übersetzung von mir dazu: „Er (Georges Bataille) war der Meinung, dass von zwei sich liebenden Personen diejenige, die hartnäckig auf der Verbindung besteht und den anderen auf manische Weise quält, diejenige der beiden ist, die am heftigsten liebt. Muss man nicht – stets nach Bataille – ständig an den Geliebten denken, ihm viel Zeit sowie Fantasie widmen, ja, sogar seine Schaffenskräfte einsetzen, damit es einem gelingt, dem anderen ordentlich wehzutun?"

„Originelle Ansicht! Sie stimmt vielleicht sogar!"

„Zumindest stammt sie von einem großen französischen Philosophen und Schriftsteller, von Georges Bataille eben, der übrigens ein Freund Dora Maars war. Aber ich muss dir den Zusammenhang zwischen seinen Gedanken und einem Vorfall in Doras Leben wiedergeben. Sie hatte um 1969 von Picasso ein Geschenk erhalten, das sie aber erst nach Picassos Tod öffnen sollte. Dieser geschah vier Jahre später. Im Päckchen fand Dora einen eigenartigen Ring: Er besaß einen Stachel auf der Innenseite, d. h. dass man sich durch das Überstreifen unwillkürlich verletzen musste. Der Stachel trug die Initialen des ehemaligen Liebespaares: D und P. Ganz schön perfide von Picasso, oder?"

„Kann man wohl sagen! Ob dieser Gedankengang Batailles eine treffende Erklärung für Picassos Empfindungen seiner Verflossenen gegenüber darstellt, sei dahingestellt", gab Iris zum Besten. *„Es ist ja bekannt, dass der große Maler stets versucht hat, die Verbindung zu seinen Ehemaligen*

51

aufrechtzuerhalten, sie samt Kindern in eine Art Großfamilie zu integrieren. Dennoch, Jahrzehnte, nachdem er Dora verlassen hat, ihr einen solchen makabren Ring zu vermachen, ist eine vielseitig deutbare Geste. Tatsache bleibt, dass er ihr das Paket schickt, obwohl sie Jahre lang kaum Kontakt zueinander hatten. Also doch ein Zeichen seiner Liebe für sie? Dann solltest du die gleiche Schlussfolgerung für dich walten lassen; dann darfst du das Negative ins Positive umdeuten, Emilys Bruch mit einem lauthalsen Schrei nach Liebe und Zuneigung aus eben diesen Gefühlen heraus interpretieren! Man kämpft doch mit jemandem, der einem etwas wert ist, den man nicht ignoriert!"

„Das ist eine für mich Trost spendende Deutung! Aber ich habe auch ganz andersartige Interpretationen für das Handeln meiner Tochter gefunden, und zwar bei Marianne Krüll in ihrem Werk „Die Mutter in mir – Wie Töchter sich mit ihrer Mutter versöhnen". Da steht auf Seite 11: „Sogar das provokative, aufmüpfige Verhalten von Töchtern kann man als Appell an die Mutter verstehen, doch selbst endlich einmal aufzubegehren, sich zu wehren, anstatt Verletzungen nur leidend hinzunehmen." Was hältst du davon?"

„Ach so! Emily will dich nach dieser Theorie wachrütteln, ihr Aufschrei soll dich auf dein eigenes Leben aufmerksam machen, deine sklavische Haltung, gar deine Unterwerfung unter deinen Mann verdeutlichen! Du sollst mehr auf dich selber achten, den kranken Gatten endlich entlassen, ihn abgeben, in ein Heim, da für ihn eh keine Besserung, keine Heilung jemals in Aussicht steht. Zumindest solltest du deine pflegerische Tätigkeit mit anderen Augen betrachten, mit kritischen, sogar selbstkritischen. Vielleicht gilt Emilys Wut gar nicht dir, sondern Daniel, weil er krank geworden ist, weil er nichts dagegen unternommen hat, indem er z. B. weniger oder gar keinen Alkohol getrunken hat. Durch dich möchte sie ihn strafen. Da man einen Kranken nicht maßregeln sollte, schüttet sie ihre ganze Enttäuschung über den missratenen Papa auf die gesunde Mama. Eine unbewusste Substitution, aber effektiv."

„Beweis für eine abstruse Seele, oder? Sie trifft sozusagen zwei Fliegen auf einen Schlag, rechnet mit uns beiden ab. Also frage ich mich: Was ist richtig und was falsch im Leben? Wo muss ich stehen? Kann ein Außenstehender ein Urteil von Gültigkeit

über mein Handeln fällen? Was bedeutet schon Gültigkeit? Ist mein Gewissen nicht mein einziger Richter? Ich kam darauf, als ich kürzlich den Film „12 Years a Slave" („Zwölf Jahre ein Sklave") sah. Beim pietätslosen Auspeitschen einer Sklavin durch den Besitzer äußert der Protagonist, selber ein Sklave, in etwa die Worte: „Dies wirst du mit deinem Gewissen vor deinem Schöpfer verantworten müssen." So schlussfolgerte ich: Geht es denn nicht immer darum, konform mit dem eigenen Gewissen zu handeln? Tut das auch Emily? Kann sie sich selber ungetrübten Blickes im Spiegel in die Augen schauen? Oder zermürbt sie ihr eigenes Verhalten? Ich stehe demnach vor einer gewaltigen moralischen Frage."

„Dazu kann ich mit einem anderen berühmten Fall beisteuern! Es ist die Lebensgeschichte von Sebastian Kneipp. Nach vielen Androhungen, vielen Gerichtsverurteilungen wegen seiner unerlaubten medizinischen Tätigkeiten steht nun sogar sein Priesteramt zur Debatte. Trotz seiner notorischen Erfolge mit der Hydrotherapie, trotz seiner Anhängerschaft in allen Schichten der Bevölkerung droht ihm der Verlust seiner Priesterwürde. Und wie fühlt er sich? Als Priester! Er ist bereit, die Kranken den Ärzten zu überlassen, nur seinen Posten als Seelsorger möchte er behalten. Von Gott entlassen zu werden, wäre eine unüberwindbare Strafe."

„In ihm spricht eindeutig das Gewissen!", erkannte Erika. „Und in Emily? Ist es nicht auch das Gewissen? Ihr Gewissen, das anders funktioniert als meins! Einerseits hängt sie an der Tradition, an der Familiengeschichte mit der Firma. Andrerseits ist sie seit einigen Jahren aktives Gewerkschaftsmitglied in der Gesellschaft, in der sie arbeitet. Sie setzt sich massiv und energisch für die Angelegenheiten der Belegschaft ein, ungeachtet dessen, dass sie dadurch des Öfteren ihren eigenen Arbeitsplatz in Gefahr bringt. Nicht verwunderlich also, dass sie gegen die von Dr. Müller durchgeführten Entlassungen opponiert. Man kann wohl kaum radikal auf der Arbeitsebene sein und nicht auch auf der privaten! Bedrohlich wird die Einstellung, wenn sie ins Ultraradikale umschlägt, wenn sie in eine Art Fundamentalismus ausartet. Alle Extreme sind ungesund, führen zu gefährlichen Taten, zu überspitzten Handlungen. Wodurch ist eine Tat gerechtfertigt? Wodurch erlangt sie die Absolution? Reicht es mit dem eigenen Gewissen im Reinen zu sein? Oder steht etwas darüber? Existieren nicht Werte, die wir befolgen und achten müssen? Die für uns alle Gültigkeit besitzen? Die höher gestellt sind als unsere privaten Werte und Maßstäbe? Wenn sich ein jeder seine eigene Welt an Regeln schafft, herrscht letztendlich Chaos, auch wenn die Regeln als solche von Bedeutung sind. Ihren Wert erlangen sie erst durch ihre Allgemeingültigkeit. Dann geben sie uns den nötigen Halt."

„Erinnere dich doch an Michael Kohlhaas!", fügte Iris ein. „Ihm wurden seine edlen Rösser als geschundene Gäule zurückgegeben. Er appelliert an die Obrigkeit, die kein gerechtes Urteil fällt. So erlaubt er sich, selber zum Richter zu werden. Er richtet ein Blutbad an, um schließlich zum Tode verurteilt zu werden. Was er vollbringt, ist Lynchjustiz. Inwieweit ist diese gerechtfertigt oder zu rechtfertigen? Wie weit darf ein Einzelner in Anbetracht der Unfähigkeit der Justiz selber tätig werden? Oder muss er sich in Geduld, Gehorsam und Demut üben, sein eigenes Urteil hintenan stellen? Gewiss passt eine solche Verhaltensweise auf sehr viele Menschen, aber ohne Michael Kohlhaasen bleibt die Geschichte stehen, gibt es keinen Fortschritt! Immer wieder müssen sich einige Mutige für uns alle opfern. Den Sieg tragen die späteren Generationen davon."

„Und vielleicht zählt Emily zu diesen kämpferischen Naturen, willst du mir durch die Blume sagen. Ihr Wertekatalog ist als solcher durchaus lobenswert. Viele Menschen besitzen gar keinen, sie verfolgen weder Ziele noch Ideale. Sie sind leer und nicht aufopferungswillig. Ihre Energien setzen sie anders ein, was nicht wertend gemeint ist. Wie lässt sich nun Emilys Wertesystem mit dem meinigen vereinbaren? Existieren überhaupt noch Gemeinsamkeiten? Während Emily die Entlassung von Arbeitskräften nicht akzeptieren kann, so kann ich meinerseits den Untergang der Firma nicht in Kauf nehmen. Und das Paradoxe ist, dass wir alle beide gemäß unserem Gewissen, also ehrenhaft agieren!"

„Da helfen nur Kompromisse! Wozu man im Dialog stehen muss, wirst du empört antworten. Sonst herrscht Krieg, genauso wie zwischen den Nationen. Und da fällt mir noch etwas Aktuelles ein. Es stand kürzlich ein kleiner Absatz über eine indische Aktivistin in der Zeitung. Kannst du dir vorstellen, dass sie sich 16 Jahre lang im Hungerstreik befunden hat, um gegen die zu großen Befugnisse der Armee in ihrem Lande zu protestieren? Das nenne ich Durchhaltevermögen! Selbstverständlich wurde sie zwangsernährt – unter Arrest natürlich. Ist so eine Haltung als bewundernswert, lobenswert, vielleicht nicht unbedingt als nachahmungswert zu bezeichnen? So etwas vollbringt nicht ein jeder. Ganz im Gegenteil: Nur wenige sind dazu bereit, noch weniger dazu fähig. Märtyrer für eine Idee. Da wären wir wieder bei den Fundamentalisten, bei den Extremhandelnden. Sind sie begrüßenswert? Wenn ja, in welchen Fällen? Fragen über Fragen. Aber jetzt muss ich mich sputen! Ich habe noch einen Zahnarzttermin! Tschüss!"

Merkel

Die Tage sind schnell verflogen, nicht so die Gespenster, die Erika verfolgen. Somit eröffnete sie am folgenden Dienstag die Begegnung mit ihrer Freundin mit folgenden Worten:

„Mir lässt die Annahme keine Ruhe, dass meine Familie eine Art Fluch oder Verdammnis durchzieht, dass also die arme Emily gar nicht aus eigenem Trieb handelt, sondern lediglich eine Getriebene ist. Der Sache wollte ich auf den Grund gehen und habe eine Psychologin aufgesucht. Eine, die auf Familienaufstellungen spezialisiert ist. Diese werden meist in der Gruppe durchgeführt, wobei jedes Mitglied den Platz eines deiner Familienangehörigen einnimmt. Die Personen drücken unwillkürlich die Gefühle und die Gedanken deiner Familienmitglieder aus und helfen eine Situation in der Familie zu klären. Die Psychologin, bei der ich mich angemeldet habe, hat selber die Rolle der Familienmitglieder eingenommen. Das Ganze basiert auf Bert Hellingers Theorie, dass eine Problematik die weibliche Linie durchzieht. Genau das, was ich so im Gefühl habe!"

„Ich habe davon gehört. Eine Bekannte war sehr beeindruckt. Normalerweise geht man wohl zur Vorübung als „Familienmitglied" und nachher präsentiert man erst den eigenen Fall."

„So ist es. Ich habe die Vorstufe also übersprungen und musste erstaunt feststellen, dass ich mich zuallererst mit meiner eigenen Großmutter befassen sollte, ehe ich den Weg zu meiner Tochter freischaufeln konnte. Was wusste ich aber über die ferne Verwandte, die übrigens just ein paar Tage vor Emilys Geburt verstorben ist? Schon damals hatte mich dieses Ablösen des Todes durch ein neues Geschöpf tief beeindruckt. Es ist der Gang der Welt, aber dennoch ging es mir sehr nahe. Und nun sollte es tatsächlich einen Zusammenhang zwischen diesen Wesen geben, die sich nie gekannt hatten? Die Psychologin ermahnte mich nach dem Problem der Oma, Maria, zu sondieren. Das ist ein unmögliches Unterfangen, dachte ich bei mir. Wie sollte ich darauf kommen, da ich doch fast mein ganzes Leben fern von ihr verbracht hatte! Dann fielen mir die Worte meiner Mutter, Martha,

ein. Sie hatte wenig von ihrer Mama gehabt. Die hatte sich nur mit Theologie befasst. Kein andersartiges Buch hat sie je in die Hand genommen. Sie war stets auf dem Laufenden der allerletzten Theorien oder Richtungen. Ihren Kindern, immerhin neun an der Zahl, hat sie sich nie gewidmet. Dazu hatte sie ja die Kinderfrauen und später die Gouvernanten. Marthas Botschaft war klar gewesen: Mutterliebe hatte sie nie erfahren. Denn Maria lebte abgehoben in ihrer Welt der Religion, hatte für die diesseitigen läppischen Aufgaben keinerlei Verständnis."

„Auweia!", bemerkte Iris nicht ohne Entsetzen. „Und deine Aufgabe in diesem Schlamassel?"

„Ganz einfach! Meiner Großmutter verzeihen. Das war kein Akt. Und dann auch meiner eigenen Mutter? Ohne weiteres! Ich begann, Martha mit verständnisvollen Augen zu betrachten. Der Grund für ihre radikale absolute Abkehr von jeglicher Religion wurde mir sonnenklar: Zu viel hatte sie davon hautnah miterlebt und vor allem war es die Religion gewesen, die ihr die Mutter geraubt hatte. Einen aussichtslosen Konkurrenzkampf zu einer Großmacht hatte sie ausgestanden, den sie nicht gewinnen konnte. Ihr Schweigejahr mit den Eltern, als sie noch bei ihnen wohnte, war eine Trotzreaktion und ein Schrei nach Aufmerksamkeit. Ihr ständiges unüberhörbares Buhlen um Sympathiebekundungen von Bekannten und Unbekannten ein Gegengewicht zur fehlenden Liebe in ihrer Kindheit. Vielleicht waren sogar ihre häufigen Kopfschmerzen ein Zeichen ihrer seelischen Armut. Ich erlaubte mir, ihre Schokoladenhungerattacken zu deuten! Sie hat nämlich des Öfteren ganze Tafeln verschlungen, obwohl sie die daraufhin eintretenden Kopfschmerzen fürchtete. Signalisiert diese Sucht auf Süßes nicht das Verlangen nach Liebe? Gleichzusetzen mit einem Aufschrei nach Wärme, die sie vonseiten Marias nie geboten bekommen hatte? Da waren noch ihre täglichen Vollbäder, die wegen des hohen Wasserverbrauchs meinen Vater zur Weißglut trieben! Die Badewanne stets randvoll gefüllt! Drinnen ausharren tat sie nur 10 Minuten, nicht wie ich, die ich meine halbe Stunde Entspannung darin genieße. Ihr Grund war ein anderer, so sehe ich es jetzt: Sie kehrte zurück in die mütterliche Gebärmutter, fühlte sich wohlig sicher im umgebenden Fruchtwasser. Meinst du, ich überziehe das Ganze? Auf jeden Fall empfand ich echtes Mitleid für meine

Mutter, die als Älteste immer wieder durch ein neues Geschwisterchen den äußerst geringen Anteil an Aufmerksamkeit für sich geschmälert gesehen hatte. Aus dieser Perspektive betrachtet hatte Martha eine große Leistung vollbracht: Aus dem Nichts, aus der inneren Leere, hatte sie Liebe kreiert und uns Kindern dargeboten. In den mindestens einjährigen Stillzeiten hatte sie sich vollkommen ihrem Baby gewidmet, nicht wie die eigene Mutter dabei mit abgewandtem Gesicht ein Buch welcher Art auch immer gelesen. Die „Kaninchenstunden", Kuschelzeiten im elterlichen Bett bei der Mutter, habe ich immer noch in guter Erinnerung. In einen Kindergarten schickte uns Martha nicht. Wir sollten bis zum Eintritt in die Schule die Wärme der Mama genießen so wie die körperliche Nähe empfinden, ganz im Gegensatz zu den erzieherischen Theorien ihrer Schwester, die ihre Kinder vertrauensvoll in die Obhut der ihrer Meinung nach gut ausgebildeten Kräfte eines Kindergartens übergab. Ich stellte fest, dass die Vorwürfe, die ich Martha hätte machen können, beim Aufzählen ihrer positiven Eigenschaften vollkommen verblassten. Durch diese liebevolle Betätigung mit den Erinnerungen wurde es mir möglich, mit meinen weiblichen Vorfahren Frieden zu schließen. Nur würde mir dieser helfen, eine Brücke, vielleicht erstmal nur eine wackelige Hängebrücke aus Bast, zu meiner Tochter aufzubauen?"

„Du erwartest zu viel, wenn du sofort Resultate sehen möchtest! Oder meinte etwa die Psychologin, dass diese eine Sitzung schon Ergebnisse aufweisen würde?"

„Stell dir vor, ja. Die würde etwas in Gang bringen. Und tatsächlich! Am letzten Freitag hatte ich eine Nachricht von Emily auf meinem Handy vorliegen. Du kannst dir vorstellen, dass ich fast mit zitternden Händen zu lesen begann: „Leistenbruch. Operation Dienstag 10 Uhr." Was sollte dieses „Telegramm" bedeuten? War es eine Einladung, damit ich der frisch Operierten beistand und im Krankenhaus Händchen hielt? Nein, nein, sagte ich mir. Nicht übertreiben! Sie will nur Bescheid geben. Für den Fall, dass es zu Komplikationen käme. Also ruhig bleiben. Aber anrufen werde ich nun trotzdem. Das riskiere ich, wenn ich schon einmal angesprochen werde."

„Immerhin ein gutes Zeichen. Die Kommunikation hat sie ja nicht vollständig abgebrochen, obwohl sie sie nach eigenem

Gutdünken führt."

„*Am Telefon hat sie mich nicht abgewiesen. Ein wenig verängstigt erklärte sie mir Symptome so wie die Vorgehensweise für diesen als leicht einzustufenden Eingriff. Von meinem Erscheinen war nicht die Rede. Immerhin verständigten wir uns ganze zehn Minuten lang wie zwei Erwachsene. Ich mied jegliches heikel anmutende Thema, aber wusste ich überhaupt, welches gut und welches schlecht ankommen würde? Ich sag dir, es ist schon ein komisches Gefühl, wenn ich mich meiner leiblichen Tochter auf leichten Katzenpfoten nähern muss! Es ist unglaublich, dass ich nicht ohne Hemmungen mit ihr einfach schwatzen kann, dass ich mich verstellen und auf der Hut sein muss, kein falsches Wörtchen einzuwerfen! Das hat mich wehmütig gestimmt!*"

Na klar, optimal ist es nicht, aber zumindest ist das absolute Schweigen gebrochen, vielleicht nur unterbrochen. Zu viele Hoffnungen wirst du dir eh nicht machen, bodenständig wie du bist!"

„*Dann muss ich dir aber noch von einem Interview in der „Süddeutschen Zeitung" vom 15.10.2014 berichten. Da gibt die britische Journalistin und Psychoanalytikerin Susie Orbach folgenden Ratschlag an Mütter: „Entspannt euch! Und reflektiert trotzdem jeden Tag euer Verhalten gegenüber euren Töchtern. Es ist nun mal so: Mütter müssen noch mehr als Väter aufpassen, was sie tun und sagen. Die Mutter kann so viel geben und so viel nehmen. Deswegen gilt sie ja entweder als Heilige oder als Hure. Oder als Kanzlerin." Worauf die SZ fragt: „Als Kanzlerin?" Und die Antwort lautet: „Angela Merkel wird doch bei Ihnen in Deutschland „Mutti der Nation" genannt. Das sagt alles über unseren Blick auf Mütter. Eine Mutter hat Macht, sie hat die Kontrolle, wir folgen ihr, wir müssen ihr folgen. Sie ist auch streng, viele Entscheidungen gefallen uns nicht. Aber am Ende lieben wir sie. Und wählen sie."*

„*Das bedeutet, dass du Fehler begangen hast, nicht genau auf die Reaktionen, die Wünsche, die Erwartungen und die Denkweise deiner Tochter achtgegeben hast. Du hast dich sozusagen als bestimmende Göttin über alles gestellt, warst zu autoritär. Kurzum: Du hast den Bogen überspannt. Nun kommt der Ball zurück: Emily lässt sich nicht mehr herumkommandieren; sie will selber bestimmen; die Zeit ist nun für sie reif.*"

„Genau, du hast Recht. Deswegen bin ich nun dabei, mein gesamtes „Leben vor dem Verlust radikal in Frage" zu stellen. Diese Worte habe ich bei Toni Soliman gefunden, in „Funkstille". Auf Seite 169 fand ich die weitere zutreffende Aussage, Funkstille sei als ein Zeichen „einer Zeit nachlassender Kommunikationsbereitschaft und wachsender Unverbindlichkeit" anzusehen. Das heißt, dass sich trotz Handys und sonstiger elektronischer Hilfsmittel der Kontakt lockert statt sich zu festigen! Ein erschütternder Gedanke! Aber es kommt noch schlimmer auf der nächsten Seite: „Hinzu kommt: Man scheint sich nicht mehr zu brauchen, steht einander eher im Wege." Aha, unsere bequeme Wegwerfgesellschaft: Solange du mir irgendwie von Nutzen bist, nehme ich dich; wenn dann etwas Besseres, Günstigeres, Praktischeres auftaucht, dann weg mit dir und zum nächsten! Sag mal: Extrapolieren wir so einfach von Dingen auf Menschen? Haben wir diese Praxis unseren Kindern vorgelebt? Sind das die logischen Schlüsse, die man, ohne zu reflektieren, ziehen muss? Ich gestehe dir, dass ich schockiert und verunsichert bin. Aber nicht genug damit: Die Schriftstellerin wird auf der folgenden Seite noch deutlicher: „Wir sind dabei, uns von allgemeingültigen Konventionen, wertgebundener Ethik und verpflichtender Moral zu befreien und damit unseren Beziehungen zueinander das Fundament zu entziehen."

„Wenn dem so ist", wandte Iris sichtlich erschüttert ein, „dann gute Nacht! Dann entsteht Chaos und Anarchie in den menschlichen Beziehungen. Dann wird alles radikal auf den Kopf gestellt. Dann ist kein Halt mehr vorhanden, die Richtlinien, die Maßstäbe über Bord geworfen. Dann entgleitet uns das Gegenüber, es ist nicht mehr fassbar, seine Reaktionen nicht vorhersehbar, nicht mehr einzuordnen. Dann schwimmt man nur im Ungewissen und im Unwissen. Trostlose Aussichten für die menschliche Gesellschaft, die dann keine mehr sein wird, sondern nur ein Aneinanderreihen von Individuen, Egoisten, Solitären. Ja, die Gemeinschaften sind ja bereits schon Zweckgemeinschaften, die Paare Lebensabschnittspartner. Darin ist der Mensch bereits auf das Niveau eines Tieres hinabgesunken, das im Allgemeinen nur zur Paarung zusammenfindet. Warum dann nicht auch auf der Eltern-Kind-Ebene? Nach dem Abstillen gehen die Säugetiermütter und ihre Sprösslinge vollkommen getrennte Wege, der eigentlich höher entwickelte Mensch scheint nun auch diese Instinkthandlung kopieren zu wollen. Dabei vergisst er, dass sein wichtigstes Grundbedürfnis jenes nach Bindung ist. Na ja, noch sind wir nicht in dieser dystopischen Gesellschaft angelangt, noch schätzen die allermeisten die bestehenden Richtlinien und befolgen sie mehr oder weniger."

„Noch gehöre ich mit meiner Situation zur Ausnahme. Wollen wir hoffen, dass es dabei bleibt!", räumte Erika ein, die aufgrund dieser Beobachtung Trost noch stärker denn je nötig hatte. „Aber nun tschüss, bis nächste Woche!"

Kluft

Erika schaute in den Spiegel. Was war aus dem Glanz ihrer Augen geworden? Sie sahen matt, fahl aus. Sie nahm das Foto von vor zwanzig Jahren zur Hand, jenes, das sie in der Familie liebevoll *„The Royal Family"* nannten. Da stand sie mit Daniel vor dem Weihnachtsbaum, die Kinder hockten zu ihren Füßen. Erikas Blick voller Vertrauen und Selbstbewusstsein direkt in die Kamera. Kein Zaudern, kein Zweifeln. Sicherheit, Offenheit, Lebensbejahung strahlten diese Augen aus. Das war einmal. Nun sprach der Spiegel eine andere Sprache: Dieser Mensch scheute zurück, war ängstlich oder verängstigt, vor allem aber traurig, gemartert, gefoltert. Dieser Mensch trug eine Last auf seiner Seele, vielleicht auch mehrere Lasten. Und das sollte die gleiche Person sein? So grausam kann das Leben mit einem Menschenleben umgehen? Diese pessimistischen Gedanken vergrub sie in ihrem Busen und eilte in den Park zum Treffen mit Iris. Diesmal trug sie zwei Klassiker mit sich, die sie ihrer Freundin gleich offenbaren wollte:

„Ich habe einen alten Schinken ausgegraben, Iwan Turgenjews „Väter und Söhne", eine Ausgabe aus Leipzig von 1964! Ich bin mir nicht sicher, ob ich dieses selbe Buch ca. fünfzehnjährig in Händen gehabt habe. Auf jeden Fall hat es mich damals enorm beeindruckt, denn ich kann mich noch an ein Gespräch mit meinem Vater erinnern. Es war meine erste Erkenntnis, dass die Kinder gegen die Eltern rebellieren, heute, einst und immer. Klingt naiv, oder? Schau her, was ich dir auf Seite 79 vorlesen werde, die Gedankenzüge eines alternden Vaters: „Traurige Gedanken zogen ihm durch den Kopf. Zum ersten Male war er sich mit aller Deutlichkeit der Kluft bewusst geworden, die ihn von seinem Sohne trennte, und er fühlte, dass sie sich mit jedem Tag erweitern musste. Umsonst hatte er während der Winter in Petersburg ganze Tage lang über den neuesten Büchern gesessen, umsonst den Gesprächen der jungen Leute zugehört, umsonst sich gefreut, wenn es ihm gelungen war, in ihren erhitzten Auseinandersetzungen auch sein Wort zur Geltung zu bringen. Der Bruder sagt, wir seien im Recht, dachte er, und selbst, wenn ich alle Eigenliebe beiseitesetze, scheint es mir wirklich, als seien sie

weiter von der Wahrheit entfernt als wir, gleichzeitig fühle ich aber auch, dass sie irgendetwas haben, das uns fehlt, dass sie uns irgendwie voraus sind."

„Wie wahr, wie wahr! Wie frustrierend für den Vater bei den Gesprächen der jungen Leute nicht mitzukommen. Aber der Versuch selber ist schon bewundernswert. Und dann diese Zwiespältigkeit: Einerseits scheint die neue Generation die Wirklichkeit nicht zu verstehen, aber dann ist sie doch diejenige, die den Durchblick besitzt. Exakt deine Situation mit Emily. Und die Frage ist: Was tun? Gewähren lassen oder nicht? Oder ein wenig anpassen, hinübergleiten lassen?"

„So ist es. Aber lass mich noch ein wenig in den Gedanken des Vaters schwelgen, der auf Seite 82 über die Glücksmomente mit seiner verstorbenen Ehefrau sagt: „Wohin war das alles entschwunden? ... Aber diese ersten süßen Augenblicke, dachte er, warum ist ihnen nicht ein ewiges, unsterbliches Leben beschieden?" Geht oder ging es uns nicht ähnlich? Haben wir nicht immer gedacht, unser Dasein auf der Glücksschiene wird ewig andauern? Wir waren uns auch gar nicht dieses Privilegs bewusst! Dessen bewusst wird man sich erst danach, wenn es vorbei ist!"

„Genau, wir wissen nicht zu schätzen, was wir haben, bis wir es verloren haben."

„Hör dir noch auf Seite 198 folgende Worte der Mutter Basarows an, nachdem er die Eltern nach einem nur dreitägigen Besuch verlässt: „Was ist da zu machen, Wasja! (ihr Ehemann) Ein Sohn ist wie eine abgeschnittene Scheibe Brot. Er ist wie ein Falke: Wenn er will, kommt er geflogen, wenn er will, fliegt er wieder weg. Aber du und ich, wir sind wie zwei Schwämme in einem hohlen Baum, wir sitzen dicht nebeneinander und rühren uns nicht vom Fleck. Nur ich bin immer unveränderlich für dich da, wie du für mich." Ist das nicht eine rührende Beschreibung des Zusammenhalts eines Ehepaares? Der Vergleich der Jugend mit einem Vogel ist uns ja bekannt. Nur hätten wir Älteren es gerne, wenn der Falke öfters und über einen längeren Zeitraum zu uns kommt. Und dafür hat Wasja ein Rezept. Er sagt auf Seite 267 zu seiner Ehefrau: „Weißt du, Mütterchen", hatte er gesagt, „als Jenjuscha (Basarow) das erste Mal da war, da sind wir ihm ein bisschen zu viel geworden, jetzt heißt es klüger sein." Also ihm nicht zu sehr auf der Pelle hocken, ihm seine Freiheiten gönnen. Es sind einfache Weisheiten, die man sich aber zu Herzen nehmen muss. Und dann stehen auf Seite 295 Sätze, die fast wie Schlussworte klingen. Basarows Eltern gehen fast täglich an das Grab ihres an Typhus früh verstorbenen Sohnes: „Ist es möglich, dass ihre Gebete, ihre Tränen vergeblich sein könnten? Ist denn Liebe, heilige, hingebende Liebe nicht allmächtig?" Wieder eine Weisheit, der ich in all den esoterischen Heilsverkündungen mit Energieübertragung begegnet bin. Es wird einem immer wieder wiederholt, man solle Liebe senden, positive Energie, ja keine negativen Gedanken in den Äther schicken. Über die Entfernung sind wir dennoch verbunden. Das sollen wir nicht vergessen und das Gute walten lassen. Die Wut, den Zorn müssen wir ganz tief in uns vergraben. Keine leichte Aufgabe!"

„Das machst du aber gut, so fern ich es beurteilen kann."

„Ich versuche es zumindest! Immerzu mag es nicht gelingen. Aber hör nun, was uns der reife Schiller in „Die Piccolomini", also im zweiten Teil der Trilogie des „Wallenstein" in puncto moralisches Handeln sagt, ein Thema, das wir ja schon diskutiert haben. Im 1. Auftritt des 5. Aufzuges spricht Octavio zu seinem Sohn Max, einem glühenden Anhänger Wallensteins, dem Oberbefehlshaber der kaiserlichen Truppen im Dreißigjährigen Krieg. Max reagiert ungläubig auf die Worte seines Vaters, der ihm von Wallensteins Plan erzählt, die kaiserlichen Truppen dem schwedischen Feind zuführen zu wollen, um so den Kaiser zum Frieden zu zwingen. Octavio wird Wallensteins Vertrauen missbrauchen und ihn hintergehen. Seinem Sohn erklärt er die psychologischen Hintergründe für seine perfide Handlungsweise:

„Mein bester Sohn! Es ist nicht immer möglich,
Im Leben sich so kinderrein zu halten,
Wie's uns die Stimme lehrt im Innersten.
In steter Notwehr gegen arge List
Bleibt auch das redliche Gemüt nicht wahr -
Das eben ist der Fluch der bösen Tat,
Dass sie, fortzeugend, immer Böses muss gebären.
Ich klügle nicht, ich tue meine Pflicht,
Der Kaiser schreibt mir mein Betragen vor.
Wohl wär es besser, überall dem Herzen

zu folgen, doch darüber würde man
Sich manchen guten Zweck versagen müssen.
Hier gilt's, mein Sohn, dem Kaiser wohl zu dienen,
Das Herz mag dazu sprechen, was es will."

Hier ist es die Jugend, die nach der Reinheit der Handlung strebt. Der reife Vater kennt zwar den idealen Weg, erkennt aber die Notwendigkeit in bestimmten Fällen, entgegen den eigenen Vorstellungen zu handeln. D. h. dass wir uns oft in zweischneidigen Positionen befinden, in denen wir die möglichen Handlungsweisen in die Waagschale werfen und uns für die eine oder die andere entscheiden müssen. Ich sprach neulich von einem über alles gestellten Ethikempfinden, hier spricht Octavio vom Kaiser, der das Maß aller Dinge ist, auch wenn sein Sohn ihm vorwerfen wird, sein Streben gelte einem Herrschaftstitel, den er auch erlangen wird! Stellen wir also stets Vorwände in den Vordergrund? Vertuschen wir, sogar vielleicht vor uns selber, die wahren Handlungsmotive? In wieweit sind wir überhaupt ehrlich – den anderen und uns selbst gegenüber? Jeder folgt seinem Kaiser, ich der kapitalistischen Idee, meine Tochter einer eher kommunistischen. Es ist wohl unstrittig, dass die Religion die rigidesten Vorgaben erteilt und damit den kräftigsten Halt vergibt oder vorgibt. Ist doch klasse! Jeder hat sozusagen sein Alibi, sein reines Gewissen, denn hinter einem steht ein angesehener Koloss! Der wird nicht von allen geachtet, nein, aber jeweils von einer großen Menge. Und die, so würde es scheinen, berechtigt unsereins zu einer starren Position. Wir haben Deckung! Nur im Falle von Emily und mir sind es fern auseinanderliegende Parteien! Wie sollen wir da zueinander finden?"

„Ihr sollt ja nicht enden wie die Figuren in diesem Drama! Das wäre ja dramatisch!", bekennt Iris mit einem leichten Schmunzeln. *„Bringt nur das Alter den Menschen zu solchen, sagen wir mal, weisen Erkenntnissen? Denn Octavios Verhalten zeugt von Weisheit, während ja Wallenstein gewissermaßen ungestüm vorgeht. Wallenstein wird letztendlich seine Vorgehensweise bereuen, ein Beweis für seine anfängliche Unreife und Unüberlegtheit. Hilft dir das weiter? Die Würfel sind bereits gefallen, das Geschehene kann nicht ungeschehen gemacht werden. Nein, das kann keinen Trost bieten. Aber es ist*

offensichtlich, dass du verstehen möchtest. Deine Suche musst du fortsetzen, denn jeder Fund wirkt beruhigend auf deine Seele.“

Auf jeden Fall fühle ich mich nicht wie Nila Wahdati, die afghanische Stiefmutter in Khaled Hosseinis neuem Roman „And the Mountains Echoed“, der mir übrigens nicht so gut gefällt wie seine ersten beiden. In einem fiktiven Interview wird Nila dort gefragt, ob ihre Tochter für sie eine Enttäuschung sei. Die Antwort? Sie empfinde sie eher als Bestrafung! (vgl. S. 235) So etwas würde ich von meiner Tochter nicht behaupten. Daniels Erkrankung habe ich in der ersten Zeit als Strafe empfunden, aber ohne Korrelation zu irgendwelchen Untaten oder Vergehen meinerseits. Ich habe mit der Zeit gelernt, dass Missgeschicke halt passieren, ohne Erklärung. Wir wollen für alles Erklärungen erhalten; wir sind nicht imstande, uns mit den blanken Tatsachen zu begnügen. Das letztere fällt uns enorm schwer. Wir bohren und bohren, martern uns und machen uns etwas vor, um die nötige Ruhe für den Alltag wiederzugewinnen. Jeder schafft es auf seine Art, mehr oder minder. Emilys Verhalten entspringt aus ihrer Frustration, dass sie mit ihrem Leben nicht so zu Rande kommt, wie sie es gern hätte. Sie bezweckt mit ihrem Verhalten wohl eine Bestrafung für mich. Tut mir leid! Ich ertrage sie nicht!“

„Bravo! Das gefällt mir! Lass dich nicht unterkriegen!“

„Na ja, das ist nicht das einzige, was ich nicht auf mir ruhen lasse. Im gleichen Werk ist nämlich auch von einer wirklichen Gemeinsamkeit mit meinem Leben die Rede: Pari, die Nichte von Nilas Tochter, pflegt ihren Vater Abdullah, der einen Schlaganfall erlitten hat. Dafür wird sie von den Bekannten gelobt und bewundert: „Other people – especially Afghans – are always pointing out how fortunate Baba is, what a blessing I am. They speak of me admiringly. They make me out to be a saint, the daughter who has heroically forgone some glittering life of ease and privilege to stay home and look after her father“(S. 392). Also frei übersetzt: „Andere Leute – vor allem Afghanen – weisen immer wieder darauf hin, welches Glück Baba hat, welcher Segen ich bin. Sie sprechen voller Bewunderung von mir. Sie machen mich zur Heiligen, die Tochter, die auf heroische Weise ein glitzerndes Leben voller Annehmlichkeiten und Privilegien aufgegeben hat, um zu Hause zu bleiben und ihren Vater zu pflegen.“ Davor hat Pari schon ihrer an Krebs erkrankten Mutter

beistehen müssen! Ja, so geht es mir auch. Die Menschen um mich herum ziehen den Hut in Anbetracht meiner Geduld, meinem Aufopferungswillen in Bezug auf Daniel. Und wie sehe ich mich? Gar nicht als Heldin oder als Heilige! Pari ist mir ebenbürtig: „But I don't recognize myself in this version of the story. For instance, some mornings, I spot Baba sitting on the edge of his bed, eyeing me with his rheumy gaze, impatient for me to slip socks onto his dry, mottled feet, and he growls my name and makes an infantile face. He wrinkles his nose in a way that makes him look like a wet, fearful rodent, and I resent him when he makes this face. I resent him for being the way he is. I resent him for the narrowed borders of my existence, for being the reason my best years are draining away from me. There are days when all I want is to be free of him and his petulance and neediness. I am nothing like a saint." (S. 393) Wieder mal frei von mir übersetzt: „Aber ich erkenne mich in dieser Sichtweise der Geschichte nicht wieder. Manchmal, frühmorgens, sehe ich, wie Baba am Bettrand sitzt und mich mit seinem unscharfen Blick beäugt, wie er ungeduldig darauf wartet, dass ich ihm die Socken über seine trockenen, fleckigen Füße ziehe und er knurrt meinen Namen und macht ein kindliches Gesicht. Er rümpft die Nase auf eine Weise, dass er wie ein nasser, verängstigter Nager aussieht, und ich ärgere mich, wenn er diese Fratze zieht. Ich ärgere mich darüber, wie er ist. Ich mache ihm Vorwürfe für die engen Grenzen meiner Existenz, dafür, dass er der Grund dafür ist, dass die besten Jahre meines Lebens davonrinnen. An einigen Tagen möchte ich einfach nur frei sein von ihm, seiner Gereiztheit und seiner Hilflosigkeit. Ich habe nichts von einer Heiligen." Genauso geht es mir mit Daniel. Manchmal kann ich seine Gesten, seine kargen Befehle, seine Gemütlichkeit, dann wieder seine Ungeduld, seine Gleichgültigkeit nicht ertragen. Dann diese Abhängigkeit, seine und meine, denn ich fühle mich an ihn gekettet, mehr als er es wohl fühlt. Meine Unternehmungen stehen stets unter dem Stern der Hetze, ja schnell, ja kurzatmig, ja wortkarg, nur um auf dem kürzesten Wege zu ihm zurückzukehren. Und wozu? Um eine warme Umarmung zu erhalten? Worte des Dankes, der Freude über mein Erscheinen? Nein, nur Befehle, Motzereien, Anordnungen, Kritik, alles über Dinge, die er nicht mehr versteht. Deswegen kann ich auch nicht böse auf ihn sein! Er ist ja vollkommen unschuldig! Aber was erzähle ich da! Ich will dir nicht auf den Wecker gehen! Entschuldige! Das war eine Abhandlung!"

„Aber, erlaube Erika! Das ist doch klar, dass du dich darüber auslassen darfst! Du weißt ja, dass wir nächste Woche für vier Wochen verreisen. Australien und Neuseeland. Danach machen wir einen gemütlichen Dia-Abend, wenn du magst."

„Das wird aber eine lange Zeit ohne unsere „Therapiegespräche". Und ausführliche Mails wirst du kaum unterwegs lesen wollen. Dann werde ich mir derweil einen Hund zulegen müssen, dem ich alle meine Sorgen mitteile. Er wird mir aber kluge Antworten schuldig bleiben! Dann verzichte ich lieber auf seine Begleitung", hielt Erika traurig entgegen. „Dennoch dir und Hartmut eine schöne Zeit! Kommt heil zurück!"

Einsamkeit

Die folgenden vier Wochen gestalteten sich hart für Erika. Sie merkte jetzt erst, wie sehr ihr die Freundin fehlte, wie gut ihr die Gespräche mit ihr taten, welchen Stellenwert sie in ihrer Routine einnahmen. Der kathartische Effekt war nicht zu leugnen. Sie wurde reizbar, hatte sich nicht unter Kontrolle. Daniels kleinstes Aufbegehren ließ sie aufbrausen. Er schaute sie verwundert an. Sie entschuldigte sich. Als ihr der Grund für ihre Überreaktionen bewusst wurde, versuchte sie dagegen anzukämpfen.

Und sie widmete sich intensiver der Firma. Statt einmal die Woche war sie nun mindestens zweimal anwesend. Die Entwicklung schritt schleppend voran. Die Zeiten hatten sich mächtig gewandelt. Holzspielzeug, das in Eduards und Emilys Kindheit begehrt gewesen war, hatte seinen Stellenwert verloren. Gesellschaftsspiele waren in der Zeit der virtuellen Begegnungen nicht mehr gefragt. In die moderne Sparte der Videospiele und Gameboys wagte sich Erika nicht heran. *„Was hatte da noch eine Puppenabteilung zu suchen?“*, fragte sie sich folglich. Genau wie Dr. Müller angekündigt hatte, gestaltete sich der Kampf hart und unerbittlich. Ein Überlebenskampf, der nicht aus einem undefinierbaren Bauchgefühl heraus geführt werden konnte. Eine genaue Strategie musste erarbeitet, die Verhaltens- und Marktveränderungen penibelst beobachtet und in jedwede Kalkulation beziehungsweise Ausrichtung integriert werden. Es ging also nicht nur um Qualität und Preisgestaltung. Umso reizvoller die Aufgabe. Erika wollte einen Untergang wie den der Buddenbrooks nach Möglichkeit vermeiden.

Immer wieder dachte sie an ihre Emily, an einen Weg, um sie zu erreichen. Wie so oft fielen ihr Sentenzen in die Hand, die ihre Situation gut erleuchteten. So z. B. sagt in Schillers *„Maria Stuart“* im vierten Auftritt des dritten Aufzuges die gefangene Maria zu Königin Elisabeth:

„Denk an den Wechsel alles Menschlichen!
Es leben Götter, die den Hochmut rächen!
Verehret, fürchtet sie, die schrecklichen,

Die mich zu Euren Füßen niederstürzen -
Um dieser fremden Zeugen willen, ehrt
In mir Euch selbst, entweihet, schändet nicht
Das Blut der Tudor, das in meinen Adern
Wie in den Euren fließt – O Gott im Himmel!
Steht nicht da, schroff und unzugänglich, wie
Die Felsenklippe, die der Strandende
Vergeblich ringend zu erfassen strebt. "

„Das Blatt kann sich wenden", grübelte Erika vor sich hin. *„Was heute oben ist, wird morgen unten sein. An die von Maria beschworenen Götter glauben wir heute nicht mehr, aber Hochmut zahlt sich immer noch nicht aus. Wie bei den beiden Tudorköniginnen fließt in Emily und in mir das gleiche Blut, was im Bereich der menschlichen Beziehungen leider eine Garantie für absolut gar nichts ist. Und genauso unnahbar wie sich Elisabeth gab, so verhält sich auch Emily, auf Distanz, kalt, ihre Hilfe verweigernd, obwohl ein Ertrinkender vor ihren Augen um sein Leben ringt."* Und der verzweifelten Erika bot sich nicht einmal die Gelegenheit, Emily ihren Standpunkt zu eröffnen. Sie hatte keine Vermittler, wie Maria Stuart sie gehabt hatte. Ihr verblieben nur die Grübeleien und Annahmen.

Nun meldete sich unvorhergesehen Bahar. Ob Erikas Angebot noch von Bestand sei, ob sie sich zweimal die Woche drei Stunden lang um ihre kleine Leila kümmern könne. Und ob sie konnte! *„Das Leben geht weiter!"*, sagte sich Erika hoch erfreut. *„Man darf nie aufgeben! Es ergeben sich Wendungen, neue Wege, Unerwartetes! Wohlan!"*

Auch für Daniel bedeuteten die Nachmittage mit der Einjährigen eine große Zerstreuung. Er wusste das Kind zwar nicht einzuordnen, ob es sich um sein eigenes Enkelkind handelte oder nicht, aber die Krabbelei am Boden bereitete ihm Spaß. Er gesellte sich nämlich zu der Kriecherin, mit der er kleine Wettrennen veranstaltete. Gelächter ertönten im sonst so ruhigen Wohnzimmer! Und er begann aus einem verborgenen Fundus im hintersten Kämmerchen seines Gehirns Geschichten, Märchen, Erzählungen hervorzuzaubern, denen das Mädchen gebannt zuhörte. Erika kam aus ihrem Staunen nicht heraus. Nicht einmal mit Therese war er so aufgeblüht. Was konnte der Grund dafür sein? Therese hatte ihn entthront, Erikas Aufmerksamkeit gestohlen, bei Leila brauchte er diesen Effekt nicht zu fürchten. Er hatte Recht. Obwohl Erika das Kind ins Herz schloss, so stark wie ihre Enkelin, wie ihr Fleisch und Blut, würde sie es nicht lieben können. Auch die Angst vor einem nochmaligen Verlust eines geliebten Menschen bewahrte sie davor, sich ganz ihren Gefühlen hinzugeben.

Daniel blühte auf, obwohl er ungewöhnliche Angewohnheiten an den Tag legte. Beim Fernsehen z. B. stellte er stets einen Spiegel neben sich hin. Und er schaute hinein. Betrachtete sich. Sein eigenes Gesicht und lächelte es an. Was sah er da? Sich selbst oder einen Freund? Was hatte diese „Begegnung" zu bedeuten? Handelte es sich um einen weiteren Beweis seiner Demenz? Oder fühlte er sich in dieser „Gesellschaft" weniger einsam und verlassen? Und den Film, den er durch seine Betrachtungen vernachlässigte, verstand er ihn letztlich? Einen Inhalt wiedergeben konnte er eh nicht mehr.

Und wie stand es mit seiner Kontinenz? Noch kontrollierte er seinen Drang, aber nicht stets zur rechten Zeit. Immer häufiger signalisierte er Erika, dass er es bis zur Toilette nicht schaffe. Also musste die rüstige 60-Jährige ins Schlafzimmer eilen, das Töpfchen heranschleppen, ihm hinhalten und so weiter. Sie schimpfte mit ihm, obwohl sie einsah, dass keine böse Absicht Grund für sein Handeln war. Er wurde zum Kind, das bis zur letzten Minute wartet, wodurch es dann einfach zu spät wird. Die Zukunft sah düster aus. Der nächste Entwicklungsschritt zeichnete sich zart, aber unverkennbar, am Horizont ab. Und das sollte Erika alleine meistern, ohne zumindest den seelischen Austausch mit ihrer Tochter. Trauer drückte sie manchmal nieder. Dennoch gelang es ihr immer wieder, sich wie ein Stehaufmännchen aufzurichten. Was blieb ihr anderes übrig?

Der Rückschritt in die Kindheit zeigte sich auch durch das Meer an Brosamen oder sonstigen Speiseresten am Boden um Daniels Stuhl. Wenn Erika sie wegfegte, fiel ihr unwillkürlich der Film mit Charlie Chaplin ein, wenn er als Kellner die Rechnung der Gäste anhand der Speiserückstände an deren Kleidung erstellt. Nur hatte die Komik des Films nichts mit der Härte ihrer Wirklichkeit gemein! Liebevoll ermahnte sie dann Daniel, auf die gleiche Weise wie sie in früheren Zeiten ihren Nachwuchs ermahnt hatte: *„Denk doch an die Kinder in Bangladesch! Die haben nichts zu essen und du wirfst es auf den Boden!"*

Um sich zu beschäftigen, besaß Daniel u. a. ein Zahlendomino. Er, der ehemalige Architekt, wunderte sich jedes Mal über die Kombination von Zahl und gleicher Anzahl abgebildeter Dinge, wie Autos, Flugzeuge, Elefanten und so weiter. Immer wieder stellte er die gleichen Fragen, immer wieder wartete Erika mit den gleichen Antworten auf. Es zerriss ihr das Herz zu sehen, dass er mit den einfachsten Aufgaben, die ein Vorschulkind löst, nicht zurechtkam. Noch schlimmer: Er stand vor einem Rätsel als handele es sich um Quantenphysik. Der Verfall tat weh!

Das stellte Erika auch in anderen Situationen fest. Daniel schenkte sich selbstständig den Kaffee und die Milch in die Tasse. Es geschah manchmal, dass er die Milch in die Zuckerdose schütten oder die Milchkanne direkt in den Mund führen wollte oder gar dass er mit der Gabel die Suppe auszulöffeln begann. Das waren Ausrutscher.

Über manche seiner Angewohnheiten, die er beharrlich über Jahre beibehalten hatte und plötzlich wie aus heiterem Himmel aufgab, freute sich Erika. Aufgrund seiner schlechten Durchblutung litt er ständig unter Kälte. Keine Heizung dieser Welt reichte für ihn aus. Zusätzlich zur Zentralheizung wurde meist in der Früh und am Abend noch ein elektrisches Öfchen angeworfen. Dass deswegen Erika immer mehr Kleidungsstücke ablegen musste, kümmerte ihn überhaupt nicht. In seinen Augen stand ihm alles zu, die Welt sollte ihm ruhig zu Füssen liegen. Der Heizofen hielt nicht ewig. Erika gab vor, ihn zur Reparatur abgegeben zu haben. Es vergingen Tage, Wochen und Monate. Keine Extraheizung lief und kein Gejammere ertönte aus dem Munde Daniels. Seine Manie war ihm in Vergessenheit geraten. Einfach so. Also doch nicht so verfroren? Nur ein Gewohnheitsrecht? Auf jeden Fall war Erika äußerst erleichtert! Wohlgemerkt nicht wegen der Stromersparnis, sondern wegen der Zwangshandlung! Und als solche hatte sie sich durch sein leichtes Aufgeben bewahrheitet.

Ähnlich stand es mit Medikamenten, die er angeblich gegen die von ihm selber nicht deutlich definierbaren Schmerzen benötigte. Zum Frühstück, zum Mittagessen und abends reklamierte er seine Tabletten. Erika mochte ihm nicht zusätzlich zur alltäglichen Medizin noch weitere verabreichen. Was für ein

Cocktail für seine Leber!

Die Prozedur ging über Jahre. Die Hilfsmittel wurden variiert, auch homöopathische waren im Einsatz. Keine Neuerung, auch kein Trick brachte ihn von seiner Einstellung ab. Des Öfteren schon hatte Erika vorgetäuscht, die Mittel seien aufgebraucht, wodurch eine Verzögerung erreicht wurde, die aber nicht von Dauer war. Er erinnerte sich daran. Beharrte darauf. Aber mit einem Male glückte es Erika! Es gebe keine mehr, er solle sich gedulden, sie hole in ein paar Tagen ein neues Rezept beim Arzt. Wieder vergingen Tage, Wochen, Monate: Die Erinnerung war ausgelöscht. Kein Bitten mehr! Erlösung!

Nervig wurde es Erika, wenn er beim Anziehen, bei dem ihm geholfen werden musste, unendlich am Hemd herumzupfte, bevor man es ihm in die Hose stopfen durfte. Der Faktor Zeit war ihm unbekannt geworden. Ihm stand ja übermäßig davon zur Verfügung. Wenn also Erika mit ihm einen Termin wahrnehmen musste, so setzte sie stets einen beträchtlichen Puffer ein. Denn sie wusste: Auf Drängen reagierte er mit noch mehr Langsamkeit, woraufhin sie sich aufregte und er nur umso bockiger, d. h. gemächlicher wurde. Aus unangenehmen Erfahrungen hatte sie gelernt, dass nur Geduld, also das Gegenteil von Druck, zu einem positiven Ende führte.

Puzzles brachte er ganz alleine zustande. Sechzig- oder hundertteilige. Aber es dauerte. Bis zu zwei Stunden, während ein Fünfjähriger sie in einer Viertelstunde legte. Beim Patiencespiel benötigte er Überwachung – und Zeit. Eine halbe Stunde. Mit diesen Tätigkeiten hielt er seine Neuronen auf Trab, verhinderte, verlangsamte den Verfall, verschob ein wenig das Verfallsdatum in einem Kampf, der nicht zu gewinnen war.

Wichtig erschien Erika, im Reinen mit ihrem Gewissen zu sein. Sie dachte an ihre Freundin Ulrike zurück, die gemeinsam mit ihrer Mutter nach dem Tode des Vaters, ohne eine Träne zu vergießen, von ihm sprechen konnte. In aller Gemütsruhe. Erika kam aus dem Staunen nicht heraus. Sie begriff, dass die beiden Frauen in vollkommenen Frieden vom Verstorbenen geschieden waren, dass sie alles für ihn getan hatten, was zu bewerkstelligen war. Wie schön, wenn man dies von sich behaupten und vor allem es empfinden kann! Deswegen wollte sie mit Daniel nichts versäumen.

Der Frühling nahte! Die Tage begannen länger zu werden; Helligkeit trieb die Schneeglöckchen und die ersten Krokusse aus der Erde. Vogelgezwitscher durchdrang die laue Luft! So toll wurde ein Meisenpaar, das sich in der Luft küsste und im Fluge schmuste, dass es Erikas heraneilendes Auto zu spät bemerkte. Wie zwei Desperados trennten sich die Vögelchen, aber eins stieß gegen den Kühler. Dass diese rührende Szene so tragisch enden sollte, traf Erika schwer. Ein kurzes Liebesglück, das durch Unvorsicht schier zerstört war. *Carpe diem,* sagte sich daraufhin Erika. *Wir hängen an einem Faden. Vor allem ist er dünn.*

Wiedersehen

Als die beiden Frauen ihre Spaziergänge wieder aufgenommen hatten, wies Erika auf eine kleine Baumgruppe im Park.

„Diese drei Bäumchen, die separat stehen, die eine Einheit bilden, sind mir schon vor langer Zeit aufgefallen. Sie sind mir ans Herz gewachsen. Ich habe mich nicht getraut, dich darauf anzusprechen; ich schämte mich, dir deren Bedeutung in meinen Augen zu erläutern. Ich habe Angst, du lachst mich aus!"

„Ach, was! Komm schon. Ist doch toll, dass die Natur uns so viel geben kann bzw. dass wir etwas in sie hinein interpretieren können."

„Schau! Die Bäume sind unterschiedlicher Größe. Im größten sehe ich Emily, im nächsten ihren Lebensgefährten und im kleinsten, wen wohl? Na klar, meine süße Therese. Eine Familie. Und Jahr für Jahr wächst sie weiter, in die Höhe, in die Breite. Einige Monate tragen sie Blätter, dann wieder sind sie nackt, zeigen ihre blanken Äste. Das alles ist natürlich, nicht wegzudenken. Was mich an dieser Gruppe beeindruckt hat, ist die Form der Bäumchen. Es sind ja keine dicken Stämme mit einer mächtigen Krone, nein, es sind konische Bäume, die breiter werden und sich oben verjüngen. Um welche Gattung es sich handelt, weiß ich gar nicht. Du vielleicht? Ich sehe keine der gleichen Art hier herumstehen."

„ Ich kenne mich in Botanik überhaupt nicht aus. Schade!"

„Wenn wir hier vorbeigehen, grüße ich sie immer und erfreue mich an ihrem Anblick. Ich gewinne jedes Mal wieder den Eindruck, sie stünden für mich da, sie hätten auf mein Kommen gewartet."

„Tja, was soll ich sagen. Eigentlich beneidenswert, denn ich habe solch ein Gefühl, solch eine Projektion noch nie erlebt. Bestimmt therapeutisch begrüßenswert. Du entlädst deine Probleme, deine Wünsche auf die unschuldige Natur, der du damit kein Leid zufügst. Einfacher, simpler geht es nicht. Gut finde ich das!"

„Da hab ich mal Glück gehabt und Gnade erlebt! Aber nun zu etwas Anderem. Während deiner langen Abwesenheit habe

ich einiges gelesen, z. B. den „Radetzkymarsch" von Joseph Roth. Du wirst sagen: Wieder so ein Schinken! Vollkommen démodé! Da widerspreche ich dir auch überhaupt nicht. Dennoch enthalten Bücher bekanntlich Wahrheiten, aus denen wir lernen oder schöpfen können."

„Da bin ich natürlich d'accord! Nun berichte von deinen Erkenntnissen!"

„Es ist zwar ein Werk über den Militarismus und dem Untergang der österreichisch-ungarischen Monarchie, aber mir geht es um erzieherische Prinzipien bis zu den philosophischen Gedanken. Also auf Seite 329 sagt der Bezirkshauptmann über seinen Sohn Leutnant Joseph von Trotta: „Und war es ihm noch zuerst ganz selbstverständlich erschienen, dem Jungen den Austritt aus der Armee einfach zu verbieten, so begann jetzt Herr von Trotta allmählich zu glauben, dass er kein Recht mehr habe, etwas zu verbieten." Dieser Wandel des Standpunktes vor dem erwachsenen Sohne! Wir sprechen von der Zeit um 1900! Und der Vater bezieht sich ganz allgemein aufs „Verbieten". Es geht ums Loslassen. Wann ist der richtige Zeitpunkt? Welche Konsequenzen entstehen, wenn wir es zu früh tun? Oder zu spät? Wir tragen doch als Eltern eine riesige Verantwortung, oder?"

„Allerdings. Und welchen Kurs, welches Zertifikat haben wir für diese wichtige Funktion erworben? Nur der Nase lang, nur nach Instinkt handeln wir. Eine dünne Grundlage in schwierigen Fällen."

„Ja, so ist es. Hör zu. Der Vater entwickelt sich weiter. Er schreibt dem Sohn einen Brief und überlässt die Verantwortung für seine Zukunft ihm selber. Damit hat der Vater „die Befehlsgewalt" – das ist der verwendete Ausdruck – über seinen Sohn niedergelegt. Dieser Entschluss ist für den Vater so heftig, dass „sein ganzes Leben wenig Sinn mehr" hat und „er zugleich auch aufhören müsste, Beamter zu sein" (S. 335). D. h. sein Leben gerät aus den Fugen! Die Welt bricht zusammen! Wegen eines familiären Machtproblems! Inwieweit hängen wir als Eltern heutzutage noch an dieser Macht? Im Klartext: Habe ich versäumt, Emily zum richtigen Zeitpunkt – welcher war das? – aus meiner „Befehlsgewalt" zu entlassen?"

„Mach dich nicht verrückt! Das wirst du nie herausfinden!"

„Ja, ich weiß. Aber schau, welchem Abgrund der Vater zusteuert: „Er ging, wie jeden Tag, an seine Arbeit. Und niemand wäre imstande gewesen zu erkennen, dass Herr von Trotta seinen Glauben verloren hatte… Nur war diese Sorgfalt eine ganz, ganz andere. Sie war lediglich die Sorgfalt der Hände, der Augen, des Zwickers sogar. Und Herr von Trotta glich einem Virtuosen, in dem das Feuer erloschen, in dessen Seele es taub und leer geworden ist" (S. 337). Er wird zum Automaten und lässt sich gehen. Ihm ist der Lebenssinn genommen. Das passiert, wenn man ansonsten nicht viel im Leben hat, sich an dieses Wenige klammert. Wenn man frei gibt, was ja frei sein muss, wenn man machtlos wird."

„Ohne eine Kompensation für das Verlorene zu haben oder zu erhalten! Du hast es in Form der Fabrik und leider deines Mannes! Die Lage sieht für dich günstiger aus. Und wir klammern uns nicht mehr so intensiv an unsere Kinder, wir wissen, dass sie flügge werden."

„Genau das kommt dort auch zur Sprache: „…und jeder muss selber wissen, welche Straße er geht und in was für ein Haus er zieht" (S. 338). Sprich: Man muss Selbstverantwortung ausüben, also auch reif dafür sein. Da komme ich zurück auf die Frage des Wann! Den richtigen Zeitpunkt zur Machtübergabe erwischen oder sie allmählich vonstatten gehen lassen. Das erfordert viel Feingefühl!"

„Du sagst es! Die meisten machen es mehr oder weniger richtig. Die Kinder fordern ihre Selbstständigkeit ein."

„Und hör dir das an: „Man kann keine Verantwortung tragen. Kein Mensch darf für den andern eine Verantwortung tragen" (S. 338). Wann soll man sich zurückhalten, wann eingreifen? Nur liebevoll lenken, Wege aufzeigen, weisen, ohne zu bestimmen! Wo wird eine Einmischung zu viel, wo zu wenig? Wie soll man Maß halten, die richtige Dosis treffen? Verdammt schwierige Aufgabe die unsrige! Zum Verzweifeln! Aber es kommt noch heftiger. Ein Freund rät dem Vater: „Und deshalb soll man gehen lassen, jedes seinen eignen Weg! Wenn mir meine Kinder nicht gehorchen, bemühe ich mich nur noch, nicht die Würde zu verlieren. Es ist alles, was man tun kann" (S. 339). Das ist doch der Hammer! Wir geben die Macht ab, weil wir machtlos geworden sind, nicht aus freien Stücken! Die Kinder nehmen sich, was sie brauchen bzw. wollen. Wir müssen nur darauf achten, nicht die

Würde zu verlieren. Das ist stark! Also: Kopf hoch! Schlucken, ohne dass es auffällt! Und nicht daran zerbrechen, würde ich hinzufügen!"

„Das fällt manchen bestimmt schwer, sehr schwer sogar. Die Kraft dafür muss man irgendwoher schöpfen. Viele werden lautlos daran zugrunde gehen."

„Genauso geht es dem Vater: „Alt war er und müde, und der Tod wartete schon auf ihn, aber das Leben ließ ihn noch nicht frei. Wie ein grausamer Gastgeber hielt es ihn am Tische fest, weil er noch nicht alles Bittere gekostet hatte, das für ihn bereitet war (S. 340)." Klingt leider sehr deprimierend, aber es ist der Gang der Welt. Jeder trägt sein Kreuz. So wie ich meins."

„Du hattest mir Iris Krasnow empfohlen. In „Ich bin die Tochter meiner Mutter" schreibt sie auf Seite 137 von sich: „Mit 50 kann ich meine Mutter so akzeptieren, wie sie ist. Außerdem weiß ich mittlerweile, wer ich bin... Ich habe mich weiterentwickelt, um sie so lieben zu können, wie sie wirklich ist." Die Frage ist, ob du noch so lange warten kannst oder willst. Das sind bei Emily ja noch an die fünfzehn Jahre. Es ist doch erschreckend, wie lange wir Menschen bis zur vollkommenen Reife benötigen - falls es die überhaupt gibt."

„Ja, und weißt du was? Die nächsten Schritte sind dann ganz einfach: „Danken, annehmen, verzeihen, integrieren", das DAVI-Prinzip von Sam Jolig, das er in „Böse Mutter – gute Mutter" darlegt. Nach dem Motto: Frieden schließen macht frei. Sehr schön und gut, falls dem Kontaktunterbrecher etwas daran liegt, an sich zu arbeiten. Alles Utopie in meinem Fall."

„Nun mach's gut. Vergiss nicht am Freitag zum Reiseberichtabend um 19 Uhr bei uns zu erscheinen. Mit Daniel selbstverständlich!"

„Na klar! Bis dann!", verabschiedeten sich die beiden Damen voneinander.

Erika fand nicht die Zeit, Iris von den kleinen Ereignissen, von den kleinen Fortschritten in der Verbindung zu Emily zu berichten. Es hatte in den letzten Wochen einige Telefonate gegeben, einstündige Gespräche, in friedvoller Atmosphäre, Plaudereien, Berichte und ganz deutlich Emilys Suche nach Ratschlägen. So wie früher. Im Gedankenaustausch einer Lösung näher kommen. Es ging um berufliche Veränderungen, Annahme oder Ablehnung eines neuen, sehr anspruchsvollen Aufgabenressorts, sowie den schulischen Werdegang Thereses. Erikas Meinung war wieder gefragt. Aber Erika hielt sich zurück. Sie wollte auf keinen Fall bestimmend wirken. Auch nicht neutral oder gar Emily nach dem Munde reden. Alle Antworten waren echt, aber vorsichtig formuliert. Erika zog lange Glacéhandschuhe an. Auch zu Therese war der Weg frei. Aber Erika wurde nicht übermütig. Sie wollte nichts überstürzen, die zarten Frühlingsblumen nicht zermalmen. Freudenausbrüche blieben aus, in Angst vor einem zu schnellen Rückschlag, Rückzug. Nicht genießen, nicht auskosten wollte sie dieses Geschenk aus Furcht, es werde ihr nochmals genommen. Es war ein Herantasten, eine feinfühlige Annäherung, von der sie sich noch nicht viel versprach. Das Bersten, das Zerbrechen hätte ihren eigenen Zusammenbruch bewirkt. Ihr Zustand war labiler, fragiler als beim ersten Bruch. Erika zog eine Tarnkappe über, die sie dämpfte, die sie daran hinderte, Luftsprünge zu verrichten. Vielleicht würde die Beziehung nun so weiterverlaufen: Gespräche ja, Besuche auch, mit oder ohne Übernachtungen, wahrscheinlich nicht mehr die Innigkeit vergangener Zeiten, nicht mehr das vollkommene Vertrauen in den anderen. Mit viel Taktgefühl, mit gemessenen Worten und Taten würde ein neues Miteinander von Bestand sein können. Damit würde sich Erika zufrieden geben. Sogar Dankbarkeit empfinden.

Anne Marie

Anne Marie meistert ihr Witwendasein, indem sie die Welt kennenlernt. Sie war schon sechs Monate in Dubai, nochmal sechs in Mexiko und demnächst soll es nach Singapur gehen. Es handelt sich keinesfalls um Kultur- oder Urlaubsreisen. Nein, sie lässt sich in der modernen Sparte der Au-pair-Omas vermitteln. Sie ist trotz ihrer 68 Jahre immer noch rüstig, gesundheitlich fit, aufgeweckt und neugierig auf Neues, Andersartiges. In ihrem Eheleben hatte sie nicht die finanziellen Möglichkeiten zu luxuriösen Fernreisen gehabt. Die Urlaube beschränkten sich auf einige Wochen Camping an italienischen Badestränden, denn es musste gespart werden. Für das Häuschen. All die Rücklagen des Ehepaars verwandelten sich in Steine, Tapeten, Armaturen, Bodenbeläge und so fort. Zusätzlich hatte es den beiden Kindern eine solide Ausbildung bieten können. Zur Zufriedenheit allerseits.

Als dann der Gatte Manfred nach einer rapide verlaufenen Demenzerkrankung starb, fühlte sich Anne Marie im Reihenhäuschen alleine nicht mehr wohl. Ihre Nachfahren hatten längst das Weite gesucht und sich aufgrund ihrer Arbeitsverhältnisse in fern liegenden Städten niedergelassen. Warum also noch im Hause verweilen, das auch keines der Kinder je bewohnen würde? Hinzu kamen Anne Maries lange Abwesenheiten durch ihre neue Beschäftigung in entlegenen Ländern. Es lag für sie auf der Hand, dass auch ihr eigenes Altern sie eines Tages an der Ausübung der Unterhaltsaufgaben für Haus und Garten hindern würde. Ohne lange zu zögern und in der Annahme, dass auch die Kinder ihre Handlungsweise befürworten würden, verkaufte sie den Besitztum, kaufte eine für sie selber geeignete Wohnung und legte den verbleibenden kleinen Geldbetrag gewinnbringend an.

Ihr Sohn Bernd reagierte durchaus wohlwollend, als er die Nachricht erfuhr. Es stand der Mutter selbstverständlich zu, ihren Lebensabend so zu gestalten, wie sie es für gut befand. Diese Meinung teilte Tochter Jutta keineswegs. Sie geriet in Rage! Wie konnte Anne Marie das Haus mit all den Kindheitserinnerungen, dem gemeinsam Erlebten, der Präsenz des Vaters mit einem Schlag aus der Hand geben? Wie lieblos, gefühllos, herzlos doch die

Mutter gehandelt hatte! Jutta wandelte sich zur Furie. Sie verkraftete nicht das Wissen um den Verlust, denn Genuss am Objekt hatte sie ohnehin schon jahrelang durch ihren eigenen Wegzug aus der Stadt nicht mehr erlebt. Vergangenes war ihr offensichtlich wichtiger als Gegenwart oder Zukunft, denn sie brach den Kontakt zur Mama vollständig ab. Sie wollte nichts mehr mit ihr zu tun haben, diesem in ihren Augen selbstsüchtigen Wesen. Sie warf ihr bei der Gelegenheit auch vor, nie Warmherzigkeit gezeigt zu haben. Immerzu sei sie hart und kalt gewesen, als hätte sie in der einjährigen Stillzeit ihre ganze Mutterliebe verbraucht gehabt. Jutta stellte ihr auch ihr Idealbild einer herzlichen Mutter gegenüber, die sie in der Mutter von befreundeten Kindern kennengelernt hatte. Diese trug immer ein Lächeln für die Kleinen im Gesicht, sprach sie liebevoll an, nahm sich Zeit für sie, während Anne Marie in ihrer Hektik und Eile stets abweisend und kühl gewirkt habe.

Anne Marie wandte sich fassungslos an Bernd, der ihr treu blieb und sie sogar über die Lebensumstände der Tochter auf dem Laufenden hielt. Denn direkt von Jutta erfuhr sie nun rein gar nichts. Ein Grund mehr für die enttäuschte, verlassene Anne Marie sich in die Abenteuer mit Geschicken und Missgeschicken der weiten Welt zu stürzen.

Frau Mauser

Frau Mauser sitzt im Rollstuhl, ein wenig mächtig. Sie verzehrt ihr Mittagessen im Alten- und Seniorenzentrum. Es ist nicht üppig, es ist nicht abwechslungsreich, Brokkoli als Suppe, Brokkoli als Beilage zum Hauptgericht. Aber Frau Mauser klagt nicht. Sie ist froh über dieses Stündchen, das sie einmal pro Woche in der Gemeinschaft mit Fremden verbringen darf. Die Unterhaltung mit den Tischnachbarn ist karg. Wovon soll man auch erzählen? Von den Schmerzen in den Beinen? Von der Einsamkeit in der Wohnung, in der die Zeit nicht zu verrinnen vermag? Von der Langeweile vor dem Fernseher, tagtäglich, vor diesem allertreuesten Begleiter in der Abgeschiedenheit? Aber Frau Mauser schafft alles alleine: Die Fortbewegung mit dem elektrischen Rollstuhl, das Einkaufen, das Kochen, na, ja das Putzen nicht gerade, aber das stellt ein zu vernachlässigendes Detail dar. Im Grunde genommen ist sie eine Superfrau. Sie hat sich mit der Behinderung abgefunden. Die körperliche Uhr kann nicht mehr zurückgedreht werden.

Noch weniger die seelische. Denn da ist etwas schief gelaufen in ihrem Leben, etwas, das ebenso wenig zurechtgerückt werden kann. Dabei hatte doch alles vielversprechend begonnen. Sie fand einen netten Mann, der als gelernter Elektriker genug verdiente, um sie mit den drei gemeinsamen Kindern zu versorgen. Es fehlte ihnen an nichts Wesentlichem, die kleinen Sorgen um Hausaufgaben, um nicht ernst zu nehmende Kinderkrankheiten ausgenommen. Dann ereilte sie die erste wirklich schlimme Erfahrung in ihrem bis dahin angenehm verlaufenen Leben: Sein Krebsleiden bis zu seinem Tode im Alter von 65 Jahren. Sie musste alleine über den Verlust hinwegkommen, denn die Kinder waren längst außer Hause, verheiratet, mit eigenen Kindern gesegnet und lebten über die ganze Bundesrepublik verstreut.

Aber der nächste Schlag, der wahre, der tiefliegende, der unausrottbare, der zerstörerischste aller Hiebe, schmerzhaft wie ein immer währender Dolchstoß sollte bald folgen.

Zur Taufe der ersten beiden Enkel wurde Frau Mauser noch eingeladen. Aber inzwischen wusste sie nicht einmal, wie viele von ihnen im Ganzen die Erde bevölkerten. Einer nach dem anderen hatte sich ihr Nachwuchs von ihr abgelöst, sie nicht mehr angerufen, geschweige denn besucht. Frau Mauser war sich nicht sicher, ob die alten Adressen ihrer Nachfahren noch Gültigkeit besaßen. Es traf kein Brief ein, keine Karte, keine Geburtstagswünsche, geschweige denn Einladungen oder Besucher.

Die Jahre vergingen. Der Einsamkeitskreis umklammerte sie immer kräftiger, machte sie unbeweglich. Was hätte es ihr genützt, mobil zu sein, wozu, wohin wäre sie gefahren oder geflogen, da doch niemand nach ihr rief, niemand sie brauchte, niemand ihr zur Seite stand? Nach den Grund für die Entfremdung zu forschen, hatte sie längst aufgegeben. Nicht ein Kind war beleidigt, gleich alle drei waren es, nacheinander, einander folgend. Und über die Kindeskinder hatte sie keinerlei Gewalt, sie gehorchten ihren Eltern, den Vorgesetzten.

Der Schmerz, von den leiblichen Kindern ausgegrenzt zu sein, ist so groß, dass sie ihn auch den Fremden mitteilt, vielleicht gerade den Fremden, oder gibt es sonst keinen einzigen Menschen, dem sie ihre Lebenstragödie klagen könnte? Nein, den gibt es nicht.

Und dennoch hat Frau Mauser es meisterlich gelernt, weiterzumachen, weiterzuleben, trotz der Sinnlosigkeit ihres Daseins, ihres Wartens auf ein Signal, auch das Geringste, damit es sich lohnt, sich mit der körperlichen Behinderung weiter zu plagen. Der Funke der Hoffnung ist nicht gänzlich erloschen, er wird flackern, so lange Frau Mauser am Leben ist, vorher wird sie ihn nicht ausgehen lassen. Sie nährt den Funken mit der Erinnerung an ihre langen Stillzeiten, in denen die körperliche Nähe zu jedem ihrer Kinder ein ewiger Garant für das Zugehörigkeitsempfinden der Generationen darstellte, an die langen Stunden und Tage, die sie am Krankenbett eines ihrer Kinder gewacht hatte, an die genüsslichen Spazierfahrten und erlebnisreichen Urlaubsreisen, an den Spaß und den Ärger, an das Lachen und das Weinen, an all das, was ein Familienleben mit seinen Höhen und Tiefen ausmacht. Diese gemeinsame Vergangenheit, wie konnte sie ohne Erklärung weggefegt sein?

Und dennoch war sie für ihre Kinder bedeutungslos geworden. Nicht einmal die körperliche Behinderung der Mutter, ihre Pflegebedürftigkeit erweichte ihre zu Stein erstarrten Herzen.

Sie war ihnen schon lange vollkommen gleichgültig geworden.

Myriam

Myriam besaß eigentlich alles, was sich eine junge Frau wünschen kann: Eine gute Anstellung aufgrund einer ausgezeichneten Ausbildung, einen liebenswürdigen, intelligenten Ehemann, der ebenfalls seinem Traumjob nachging; sie sah blendend aus und bildete mit Herrn Gemahl ein feines Paar. Obwohl noch nicht lange in den Stand der Ehe eingetreten, bewohnten beide bereits ein herrschaftliches Haus in der besten Wohngegend der Stadt. Die Einrichtung war modern und geschmackvoll. Es mangelte ihnen nicht an Freunden, Einladungen und Beschäftigungen abseits ihrer beruflichen Betätigungen. Kann man mehr erwarten vom Leben?

Myriam reichte es nicht. Sie, ein Einzelkind, hatte stets erhalten, wonach sie sich sehnte: Die schönsten Kleidchen, die ausgefallensten Spielsachen, die erlesensten Lebensmittel, exklusive Reisen und Kreuzfahrten. Das Feinste war für die Eltern immer erreichbar gewesen. Myriam war verwöhnt, obwohl sie diese Tatsache hinter dem Mäntelchen einer ausgeklügelten Höflichkeit zu verbergen wusste. Somit wirkte sie eher bescheiden und äußerst liebenswürdig.

In ihrem Innern brodelte es aber. Ihre ganze Jugend hindurch hatte sie sich durch die intensive Fürsorge der Eltern eingeengt gefühlt. Es war ihr klar, dass sie immer um das Beste für ihr Einzelkind bemüht waren. Das hatte bedeutet, dass ihr eine breite Erfahrungspalette unerschlossen geblieben war. Z. B. Camping! Wie gerne hätte sie einmal wie einige ihrer Klassenkameradinnen einen Zelturlaub erlebt oder wäre im Wohnmobil durch die Nachbarländer kutschiert! Aber nein, es musste Club Méditerranée oder Club Robinson sein. Mit weniger gaben sich Mama und Papa nicht zufrieden. Und schon früh ging sie in Konzerte und Opern statt ins Kasperletheater oder ins Laienspiel. Alles war hochkarätig, das Mittelmäßige aus dem Alltag ausgeschlossen.

Der Druck, auch selber nur Erstklassiges zu leisten, war groß. In der Schule mussten Einser her. Bei Ausrutschern stellte Myriam meist ein Zucken im Mundwinkel des Vaters fest, mehr nicht. Aber das genügte ihr: Sie wusste es zu interpretieren. Schelte war gar nicht nötig. Also nichts wie ran an die Bücher und das Unglück ausbügeln! Was ihr nicht schwerfiel, denn jeder Lehrer war von ihrem vorbildlichen Verhalten und ihrem Fleiß stark beeindruckt. Myriam, der Liebling aller Lehrkräfte.

In der Arbeitswelt war die Leistungserwartung um einige Stufen höher. So leicht wie in der Schulzeit ging es ihr nicht mehr von der Hand. Die Kunden hatten ihre eigenen Vorstellungen des Bestellten. Und sie merkten ständig Änderungen an. Sie zogen die Schrauben fester. Myriam war zu allem bereit und wollte weiterhin jedem noch so hoch gesteckten Anspruch gerecht werden. Sie knobelte, dachte intensiv nach und zerbrach sich über die neuen Hürden den Kopf.

Ihr Mann konnte ihr bei der Lösung der architektonischen Umänderungen nicht behilflich sein, er als Betriebswirt. Er belächelte ihre Sorgen und setzte sich ans Klavier. Myriam wurde ratloser und rastloser. Gerade dieser Kunde aus Saudi Arabien war mit nichts zufriedenzustellen. Ihr gingen die Ideen aus. Es war einfach nicht zu bewerkstelligen, was er von ihr verlangte! Sie kapitulierte.

Diese Niederlage konnte sie nicht verkraften. Sie ging in den Wald, in dem sie zusammen mit ihrem Mann zu joggen pflegte, und beging die schlimmste Tat ihres Lebens: Sie erhängte sich.

Sie hinterließ keinen Abschiedsbrief, nicht an die Eltern, nicht an den jungen Ehemann. Der erzeugte Schock, die Gewissensbisse, der Schmerz waren unfassbar, genauso wie die Tat selber. Warum bloß? Wenn dieser Job zu anstrengend war, dann hätte sie ihn halt aufgeben und einen anderen suchen müssen! Aber war wirklich die Arbeitsstelle verantwortlich für ihre Handlungsweise? Oder lagen tiefere Motive im Hintergrund, im Untergrund ihrer Seele?

Der Mann sollte rätseln, die Eltern sollten rätseln. Wollte sie sich rächen für unausgesprochenes Leid, das ihr zugefügt worden war? Sie hatte sich verabschiedet ohne Erklärung, war verschwunden aus dieser Welt, ohne eine Begründung abzugeben. Hinterlassen hat sie das Grübeln in den Köpfen der Verstoßenen.

Müllers

Berndt Müller stieg rasch in der Karriereleiter der Firma auf. Dank seines erstklassigen Examens und der ständig ihn bereichernden fachlichen Gespräche mit dem Vater war er bestens zur Bewältigung anfallender schwieriger Aufgaben gewappnet. Ihm ging alles leicht von der Hand.

Seine Eltern waren stolz auf ihn und trugen dieses Gefühl offen zur Schau. Seine Erfolge nahmen stets einen wichtigen Platz in ihren Erzählungen ein. Warum auch nicht? Er war ihr einziges Kind. Sie hatten all ihre Mühen, all ihr Trachten in ihn investiert. Nun zahlte es sich aus. Sie hatten alles richtig gemacht. Nur weiter so, dachten sie für sich.

Berndt stellte seine Braut Henriette vor. Sie entsprach nicht ganz Müllers Vorstellungen, aber Eltern sollten sich nicht in die Partnerwahl ihrer Kinder einmischen, sagten sie sich. Es wurde Hochzeit gefeiert und bald darauf kam die entzückende Kathrin zur Welt. Von nun an bildete sie das Epizentrum im Leben der Großeltern, verdrängte somit Berndt ein wenig aus seiner Vormachtstellung. Als Henriette nach dem Mutterschaftsurlaub wieder in ihren Beruf einstieg, sprangen Müllers häufig mit Freuden in die Betreuung Kathrins ein. Dennoch spürten sie die Distanzierung, die Henriette mit Gewalt einzuführen versuchte. Sie gab genaue Vorschriften, wann die Kleine welche Gerichte zu sich nehmen sollte. Ebenso die Schlafzeiten, damit es nicht zu müde oder zu hellwach war, wenn es abgeholt wurde. Das Korsett der Regeln wurde immer enger geschnürt. Im Hintergrund manövrierte Henriette die Fäden über ihren Köpfen.

Müllers machten mit. Was blieb ihnen anderes übrig? Das Damoklesschwert des vollkommenen Kindesentzugs hing ständig über ihren Köpfen! Die Oma hätte gerne dem Mädchen Figuren gebastelt, Karten gemalt, Kleider genäht, denn das Handwerkliche zählte zu ihren Leidenschaften. Dagegen stand aber ein Verbot. Aus welchem Grunde? Unbekannt. Vielleicht entsprachen diese Dinge nicht Henriettes exquisitem Geschmack, standen unter ihrem Niveau oder sie wusste einfach nicht, wie sie sie einordnen sollte, und fürchtete die Missbilligung ihrer Bekannten.

Müllers erteilten nie eine Absage. Wenn ihr Einsatz aus

einem unvorhergesehenen Grunde plötzlich benötigt wurde, sagten sie abrupt Verabredungen ab und waren gut gelaunt zur Stelle. Dass sie nur als Babysitter gefragt waren, dass kein weiterer familiärer Kontakt, keine Zuwendung, kein Zusammensein, keine Kommunikation zustande kam, wurmte sie. Herr Sohn wurde für seine Eltern immer unerreichbarer, denn er wahrte einen unüberbrückbaren Abstand zu ihnen. Eindeutig durch den Einfluss seiner Gattin akzeptierte er nicht mehr das nunmehr spießige bürgerliche Verhalten seiner früher so hoch geschätzten Eltern. Obwohl er auch nicht sehr viel anders mit seiner kleinen Familie agierte als die Eltern es mit ihm getan hatten: Arbeiten gehen, Sport treiben, hier und da kulturelle Veranstaltungen, Treffen mit Freunden, Urlaubsfahrten.

Frau Müller redete sich den Kummer von der Seele, gab ihn vor Bekannten preis. Nicht so Herr Müller. Er vergrub und vertuschte seinen Gram. Dabei hellten sich seine Augen stets auf, wenn er von Kathrins kleinen Fortschritten sprach. Dieses Aufleuchten seines gesamten Gesichtes bewies den Stellenwert, den seine einzige Enkelin in seinem Leben einnahm.

Die Entfremdung ging weit, sehr weit. Und Müllers trafen eine Entscheidung. Sie hatten vor Jahren, als die Erbschaftssteuer stark im Gespräch gewesen war, ihr Haus dem Sohn per Schenkung überschrieben. Sie behielten den Nießbrauch. Nun befürchteten sie inzwischen aus den eigenen vier Wänden, für die sie im Laufe der 45 Ehejahre auf Einiges verzichtet hatten, hinausgeworfen zu werden. Andeutungen waren vom Sohn gemacht worden. Der Grundgedanke war ja ohnehin gewesen, dass die Eltern bei Gebrechlichkeit in eine komfortable Wohnung ziehen und die junge Familie das Haus mit Garten bewohnen würde. Dieser Vorgang war als friedlicher, in gegenseitiger Übereinstimmung angenommen worden. Nicht aber als einseitiger, noch weniger als ein vom Sohn eingeleiteter! Inzwischen fühlten sich die Eltern aber in die Enge gedrückt und bekamen Torschlusspanik! Sie waren rüstig! Das Treppensteigen hielt sie auf Touren! Es lagen gewiss noch mehrere Jahre gesunden Lebens vor ihnen! Und hinauswerfen ließen sie sich aus dem von ihnen erworbenen Eigentum nicht ohne weiteres! Die Schenkung beinhaltete glücklicherweise eine Klausel, die besagte, dass sie den Vertrag vor Ablauf einer 10-Jahresfrist rückgängig machen konnten. Und die war fast abgelaufen! Sie wurden tätig, unterrichteten ihren verblüfften Sohn über die Änderung. Damit hatte er offensichtlich nicht gerechnet!

Müllers fühlten sich in einer gesicherten Lage. Was natürlich nichts an den Problemen mit der Schwiegertochter verbesserte. Verbittert schlug sie noch heftiger zurück. Aber Kathrin entzog sie ihnen nicht komplett. Dies war die große Angst der Müllers gewesen. Deswegen hatten sie sich Henriettes Anordnungen gefügt.

Die Kälte in der Beziehung blieb dennoch nicht ohne Folgen. Frau Müller erkrankte. Brustkrebs. Operation. Chemo. Haarausfall. Erbrechen. Ein Leid hatte ein anderes hervorgebracht. Sie erholte sich, wollte für Kathrin weiterleben. Obwohl das erhoffte Einlenken vonseiten Berndts ausblieb, da er keinen Zusammenhang zwischen seinem Verhalten und der Krankheit sehen wollte.

Wen wollte er überhaupt treffen? Die Mutter oder den Vater? Berndt hegte nämlich Groll gegen diesen Mann, den er in flagranti ertappt hatte. Mit einer Geliebten. Seine Entdeckung hatte er nicht preisgegeben, den Vater aber über Jahre hin beobachtet, seine Korrespondenz durchstöbert. Ergebnis: Die Anzahl der Ehebrüche häufte sich. Berndt begann seinen Vater innerlich zu verachten, diesen immer korrekt höflich auftretenden Herrn, der den Eindruck der Makellosigkeit verbreitete. Und die Mutter? Hatte es geahnt, gespürt, über sich ergehen lassen. Berndt wollte es seinem Vater heimzahlen, indirekt auch der untätigen Mutter. Die gutbürgerliche äußere Schale sollte bröckeln, in sich zusammenfallen. Er hatte es geschafft. Mit Kollateralschaden.

Iris

Iris war das letzte Kind der Ehe, nach sechs Buben endlich das lang ersehnte Mädchen. Nicht nur die Eltern, Mathilde und Manfred, ergötzten sich am hübschen Wesen, auch die Brüder trugen zur Verwöhnung bei. Es wurde ständig liebkost, es wurde prinzlich gekleidet, aber vor allem wurde ihm nichts verwehrt. Ein Eis gefällig? Noch ein Stückchen Schokolade? Jenes Püppchen im Schaufenster? Tränen in den blauen Augen wurden nicht toleriert! Alles musste her, was sie begehrten.

So wuchs Iris fröhlich heran, umgarnt von der Liebe ihrer Familienangehörigen, stets umsorgt, ein jeder um ihr Bestes bemüht. Die Pubertät brachte die Kehrseite dieser Erziehungsweise zum Vorschein. Iris wurde zusehends schwierig. Nichts passte ihr mehr. Man sollte sie doch endlich in Ruhe lassen! Wenn man dies aber tat, so war sie beleidigt, da sie die gewohnte, auf sie gerichtete Aufmerksamkeit plötzlich doch vermisste. Man konnte es ihr nicht recht machen. Die anderen machten alles falsch in ihren Augen. Sie verschloss sich immer mehr. Verzog ihr schönes Gesichtchen, das immer finsterer dreinschaute. Ihre Antworten verkürzten sich, nach Möglichkeit bestanden sie aus einem einsilbigen „ja" oder „nein". Ihr Anblick flößte Furcht ein. Man mied sie, ging ihr aus dem Weg. Ihre missliche Laune bereitete niemandem Vergnügen.

„Auch das wird vergehen. Man muss ihr nur Zeit lassen", dachten die Eltern bei sich. Aber auch auf deren Verhältnis untereinander färbte das Spiel der Tochter ab. Sie gerieten in immer heftigere Diskussionen, hier und da zerschmetterte Manfred mal einen Teller oder schlug die Tür mit Heftigkeit hinter sich zu. Die Dezibel erhöhten sich, der Sonnenschein in der Familie hatte sich in Trübsal und Verbitterung verwandelt. Die Jungen verließen peu à peu das Elternhaus zum Studium oder zur Arbeitsstelle. Nur Iris musste noch ausharren mit ihrem Hass erfüllten Ausdruck. Ein Gedanke begleitete sie ständig: Weg aus diesen vier Wänden! Nur wie bewerkstelligen ohne eigene Einkünfte? Die Abhängigkeit von den Eltern plagte sie tagein, tagaus. Zu ihrem 18. Geburtstag wünschte sie sich eine Geldsumme. Davon kaufte sie sich eine Vespa, mit der sie ganz allein auf Reisen ging. Die Eltern waren entsetzt! Und verängstigt! Was konnte ihr doch alles zustoßen? Ein

Unfall, Raubüberfall, in falsche Gesellschaft geraten, sie, die doch so behütet und abgeschirmt aufgewachsen war, wie würde sie bloß unterscheiden können zwischen Menschen, die es gut oder böse meinten?

Aber Iris ging und kehrte zurück. Alleine, aber doch in Begleitung. Sie war schwanger. Den Vater des Kindes heiraten, kam ihr nicht in den Sinn. Abtreiben ebenso wenig. Also kam das Mädchen auf die Welt, gesund und süß. Die Eltern überhäuften die beiden mit Aufmerksamkeiten, aber Iris blieb kühl und ablehnend. Ihre Abhängigkeit von Vater und Mutter hatte sich nicht vermindert, im Gegenteil, sie hatte sich verdoppelt. Iris war in einen noch tieferen Schlamassel geraten. Unmöglich herauszukommen. Dankbarkeit der liebevollen Zuwendung der Eltern gegenüber zum Ausdruck zu bringen, lag ihr fern. Sie, das heiß geliebte Nesthäkchen der Familie, das von allen nur Liebesbezeugungen erhalten hatte, war unfähig gewesen, die Liebe wahrzunehmen; sie war im Gegenteil der Meinung, man hätte sie vernachlässigt, nicht beachtet, denn sie sei unmöglich ein Wunschkind gewesen, sondern eindeutig ein unvorhergesehener Betriebsunfall! Deswegen die Strafe für die völlig überraschten Eltern, die Missachtung, die wie Peitschenhiebe auf sie eindroschen! Mit Würde, erhobenen Hauptes, mit zusammengebissenen Zähnen, klaglos, die Tränen zurückhaltend, fraßen sie den Kummer in ihre Leiber. Aber kein Mensch erträgt solche Qualen ohne Konsequenzen: Die Mutter bekam Unterleibskrebs, der sie durch Immunschwäche in einen frühen Tod riss, der Vater Speicheldrüsenentzündungen, die ihn auf ein Strichlein abmagern und keinen Genuss am Leben mehr ließen.

Ob Iris sich im Klaren war, was ihr unnachgiebiger Racheakt bewirkt hatte? Wäre sie so weit gegangen, wenn ihr die Folgen vor Augen gestanden hätten? Oder ist sie einem Drang gefolgt, den sie selber nicht beherrschte, sondern der sie im Gegenteil übermannte? Sie war Spielball ihrer zerstörerischen Gefühle, die sie nicht in positive, herzliche umwandeln konnte. Auch die Geburt ihres Kindes hatte nichts daran geändert.

Die Strafe

„Ich weiß, ich hätte mich mehr um ihn kümmern müssen. Ich habe ihn zu selten besucht. Ja, nicht mal zum Telefon habe ich gegriffen, weil ich annahm, er riefe mich an. Ich hatte nicht die Kraft, mir ging es damals ja auch schon schlecht. Nun bin ich ebenfalls allein gelassen. Das ist die Strafe, die ich eben verdient habe.“

So sprach diese fünfundvierzigjährige Frau nicht etwa von ihrem Geliebten oder ihrem Ehemann; sie bezog sich auf ihren Vater. Da ich ihre ganze Familie und die dazugehörigen Geschichten kannte, war es für mich ein Leichtes ihre Gewissensbisse herauszuhören. Wie konnte es auch anders sein, wenn sie ihren pflegebedürftigen Erzeuger so gut wie nie in seinem Altersheim besucht hatte! Nicht dass die Entfernung unüberwindbar gewesen wäre, nein, sie lebte in der gleichen Stadt in einem angrenzenden Bezirk. Sie war auch nicht durch Arbeit überlastet, weder beruflicher noch häuslicher Natur. Sie arbeitete nämlich nicht und Ehemann oder Kinder besaß sie ebenso wenig. Sie wohnte alleine in einer kleinen Wohnung, die ich nie zu Gesicht bekommen habe, denn sie schirmte sich gegen jegliche Art von Besuch ab. Sie wollte niemanden sehen. Nicht genug hiermit. Man fragte sich, wozu sie das Telefon noch behielt, da sie doch nie bereit oder imstande war, den Hörer abzunehmen. Sie schottete sich von ihrer Umwelt ab. Außerdem lebte sie in einem ungewöhnlichen Rhythmus: Tagsüber schlief sie, abends und in der Nacht wurde sie aktiv. Man braucht aber nicht anzunehmen, dass sie sich in Discos oder Bars herumtrieb und dementsprechend amüsierte. Nein, sie geisterte unaufhörlich in ihrer Wohnung herum, wurde nie mit etwas fertig. Sie kam nicht vorwärts. Sie drehte sich um sich selber. Ihrer Mutter hatte sie ständig Vorwürfe gemacht, sie hätte den Vater ihr vorgezogen. Dafür mochte sie wohl ihre Gründe gehabt haben. Der Papa aber hatte ewig auf Liebesbezeugungen seiner Tochter gewartet. Bis zu seinem Tode sollte er die Konsequenzen dieser Eifersucht spüren. Er wurde von der einzigen in seiner Nähe weilenden Tochter im Stich gelassen. Der alleinige Trost für ihn bestand in dem Wissen, dass ein Zusammentreffen mit ihr nur Streitereien und

Meinungsverschiedenheiten zu Tage gefördert hätte. Sie vertrugen sich überhaupt nicht.

Sie hatte immer arbeiten wollen. Zumindest sprach sie immerfort davon. Wenn man dann nachforschte, bemerkte man enttäuscht, dass sie keinen einzigen Schritt in diese Richtung unternommen hatte. Erwartete sie, dass ihr eine Stelle frei Haus geliefert werden würde? Oder zählte sie zu dem Heer der unseren Staat ausnützenden Arbeitslosen? Nein, sie schaffte es nicht, aus ihren vier Wänden herauszukommen. Sie war immer immens scheu, obwohl sie unaufhörlich und unendlich erzählte, wenn man sie zufällig irgendwo traf oder doch einmal am Telefon erwischte. Dann kam man kaum zu Worte und ein Fremder hätte den Eindruck gewonnen, sie sei sehr gesellig und kontaktfreudig. Vielleicht nutzte sie diese raren Gelegenheiten, um ihr Herz auszuschütten. Sie verabschiedete sich dann gewiss zehn Mal und fuhr dennoch unentwegt mit ihren Erzählungen fort. Im Grunde brauchte sie ja den Kontakt und nutzte die seltenen Begegnungen bis zum allerletzten Tropfen aus. Da ich diese ihre Angewohnheit kannte, stellte ich mich einfach darauf ein und widmete ihr Zeit, soweit es mir möglich war.

Wir hatten uns mehrere Jahre nicht gesehen, da ich im Ausland gelebt hatte. Ich erfuhr, dass sie im Krankenhaus lag. Krebs. *„Kein Wunder!"*, dachte ich. Sie ist bestimmt ein klinischer Fall. Ein Fressen für Ärzte, vielleicht noch mehr für Psychologen. Erstaunlich, wie sie selber doch die Zusammenhänge erkannte, also ihre Einsamkeit als Konsequenz ihres eigenen Verhaltens empfand, wohl aber kaum ihre Lebensweise ändern würde. Niemand hatte sie im Krankenhaus im Verlaufe von drei Wochen besucht. Sie tat mir leid, obwohl ich mir keine Vorwürfe zu machen brauchte. Hier im Krankenbett konnte sie nicht Verstecken spielen. Ihre Zimmergenossinnen riefen sie ans Telefon.

Luise

In der Schule war Agnes ihre beste Freundin. Immer hingen sie zusammen. Die Hausaufgaben erledigten sie gemeinsam oder die eine vollbrachte sie für die andere. Sie wurden zu einem austauschbaren Paar. Obwohl die eine dunkelhaarig, die andere hingegen blond war, die erstere schlank und rank, die zweite eher zu Rundungen neigte, obschon Luise sich äußerst gesprächig und Agnes schweigsam gab, wurden sie verwechselt und ständig für Schwestern gehalten. Bis Andrea in der 12. in die Klasse hinzustieß. Agnes nahm sich der vereinsamten Neuen an, unterstützte und unterwies sie. Agnes war dankbar. Nicht so Luise. Beleidigt kehrte sie der ehemaligen Freundin den Rücken zu. Sie wusste nichts vom Teilen, noch weniger vom Geben. Eine Freundschaft zerbrach.

Luise fand eine neue Freundin, ja. Aber mit ihrer Schwester wurden die Auseinandersetzungen ständig heftiger. Bis sie einen Endstrich zog, als sie zum Studium in eine andere Stadt wechselte und ihren Jugendfreund heiratete. Wen sie nicht brauchte, fegte sie aus dem Weg, aus ihrem Leben. Aber auch ihre Ehe, trotz der Geburt zweier Kinder, war nicht von Beständigkeit. Nach der Scheidung meldete sich der Vater nur selten bei seinen Sprösslingen, verschwand langsam im Nebel der Tage.

Bald darauf seilte sich Luises Mutter von ihr ab. Sie empfand, dass ihre Tochter sich zu wenig um sie, die inzwischen Erkrankte, kümmere, kaum anriefe, kaum Anteilnahme an ihrem harten Schicksal nehme. Luise dagegen argumentierte, dass sie als geschiedene, voll berufstätige Mutter eh überlastet sei. Fehlende Einsicht, konträre Ansichten, Verständigungsschwierigkeiten. Als dann die Mutter verstarb, ging Luise leer aus. Die gehasste Schwester erhielt per Testament das mütterliche Heim zum Ausgleich für ihren aufopferungsvollen Pflegeeinsatz.

Luise fand Ersatz. Mit den Müttern im Kindergarten, mit den Kollegen am Arbeitsplatz pflegte sie guten Kontakt. Ebenso zu ihrer Kusine. Sie verreisten gemeinsam, besuchten sich gegenseitig, überwanden freudig die sie trennende geografische Entfernung. Die um 20 Jahre ältere Kusine erkrankte und verstarb kurz darauf. Alleinerbin war Luise. Nicht dass es sich um riesiges

Vermögen gehandelt hätte, aber immerhin einige Schmuckstücke und ein Apartment. Der Erlös half Luise nicht nur über den Verlust hinweg, sondern linderte einige Lücken in ihrem Budget.

Einige Jahre später meldete sich die Schwiegermutter bei Luise. Aus dem Nichts heraus, denn die Verbindung war seit der Scheidung abgerissen. Anfangs fanden nur mehr oder weniger lange beziehungsweise oberflächliche oder tief gehende Telefongespräche statt. Die verwitwete Frau Bertels war mit ihren 80 Jahren sichtlich vereinsamt. Die ersten Begegnungen fanden zaghaft statt, daraus wurden Wochenendflüge in wichtige europäische Städte, schließlich Kurzurlaube bis zur Krönung in Form von äußerst kostspieligen Kreuzfahrten. Großzügig beglichen von der spendablen Dame. Ein Traum ging für Luise in Erfüllung. Aufenthalte in Luxushotels, das zügellose Schlemmen in den feinsten Restaurants, den Alltag vergessen am Rande von Swimmingpools in erlesener Gesellschaft, endlich dort angelangt, wo sie schon immer hatte sein wollen! Als Frau Bertels in ein feines Altersheim übersiedelte, besuchte Luise sie jedes Wochenende. Sie sagte andere Termine ab, widmete sich, neben der gewissenhaften Ausübung ihres Berufs, voll und ganz der bettlägerigen Verwandten. Man gewann den Eindruck, endlich habe sich Luises Herz völlig geöffnet, endlich bedeute ihr ein Mensch etwas, ein Mensch an sich. Als aber die ältere Dame mit den typischen Beschuldigungen begann, man habe ihr Bargeld oder Schmuck entwendet, als dann obendrein eine bis dahin nie in Erscheinung getretene Tochter des zweiten Sohnes um die Gunst der Oma zu buhlen begann, dann riss bei Luise die Geduld. Viele Macken der Dame hatte sie ertragen, meinte sie zumindest, sie gewähren lassen mit abstrusen Wünschen und Befehlen, nun aber ihren Rang durch eine bis dahin Unbekannte strittig gemacht zu sehen, das übertraf ihre Fähigkeiten. Luise räumte das Gefilde, sie gab sich geschlagen, gab das Rennen auf die reichliche Erbschaft auf.

Es blieben ihr noch die eigenen Kinder, Max, inzwischen 30, und Linda, 28. Beide gut ausgebildet, beide in gesicherten Arbeitsverhältnissen. Im Kindergartenalter hatte Max große Schwierigkeiten bereitet. Die Ehe der Eltern zeigte die ersten Risse, die sich auf das Gebaren des Kindes übertrugen. Die psychologischen Beratungen halfen spärlich weiter. Max' ganze

Jugend begleitete Luise mit Zittern und Bangen. Besserung trat erst durch sein Tätigwerden in der Kirchengemeinde ein. Der Pfarrer betreute ihn mit Aufgaben, vermittelte ihm den Eindruck gebraucht und nützlich zu sein. Sein Selbstwertgefühl steigerte sich. Seine schulische Laufbahn gewann an Fahrt. Das auf das Abitur folgende soziale Jahr tat den Rest. Die Erfahrung mit der Hilfslosigkeit und der resultierenden Dankbarkeit von älteren, vereinsamten Menschen, denen er das Essen nachhause brachte oder die er spazieren führte, wirkten wie ein Wunder. Aus dem verschlossenen, in sich gekehrten, missmutigen, missgelaunten, finster schauenden Jungen wurde ein aufgeschlossener, freudiger Bursche. Er bekam Abstand zu seiner eigenen Biografie. Was stellte sein Leiden im Vergleich zu den reellen physischen und psychischen Schmerzen dieser Alten dar? Immerfort standen ihm fürsorglich sowohl die Mutter wie die Schwester zur Seite, aber eines Tages hatte er genug von ihnen. Er wandte sich ab. Einfach so. Ohne Angabe von Grund. Wie seine Mutter es mit ihrer Schwester, mit ihrer Mutter, mit dem Ehemann sowie mit der Schwiegermutter getan, genauso wie auch sein Vater es ihm vorgelebt hatte. Seinen Vorbildern folgend. Obgleich keines von ihnen es wert ist, nachgeahmt zu werden.

Dschihad

Dominique weint nicht mehr. Die Trauer hat ihr ganzes Wesen eingenommen, verlässt sie nicht mehr, ist ein Teil von ihr geworden. Sie lebt damit. Vom Aufstehen bis zum Zubettgehen, und auch noch danach. Da sind obendrein noch die Fragen, die unbeantwortet bleiben müssen. Er ist ja nicht mehr da, um sich ihnen zu stellen. Wie soll sie seine Taten akzeptieren? Der Schmerz sitzt tief.

Dabei war Hakan ein netter Junge gewesen. Er war höflich, interessiert, ein guter Schüler. Mit Stolz hat sie früher von ihm erzählt, ihn gelobt vor den anderen Müttern, die Probleme mit ihren Zöglingen hatten. Sie holt ein Foto heraus. Darauf ein sympathisch wirkender Teenager, der offen in die Kamera lächelt. Dunkelhaarig, braune Augen, gebräuntes Teint. Man sieht ihm seine maghrebinischen Wurzeln an.

Hat er sich wirklich verändert, wie man von den Kämpfern behauptet? Haben die Eltern nichts bemerkt, waren sie blind? Ja, rückblickend erkennt Dominique die zarten Zeichen. Er hat sich öfters in sein Zimmer eingeschlossen. Was hat sie sich dabei gedacht? Der Computer! Die vielen Programme! Die Kontaktmöglichkeiten! Sie selber nutzt ihn ja auch! Nicht ständig, dennoch häufig. Da konnte sie ihm unmöglich Vorwürfe machen, noch weniger Verdacht schöpfen auf subversive Tätigkeit, bzw. Beeinflussung. War sie blauäugig? Oder ist der Vorfall auf rein menschliches Versagen zurückzuführen?

Kann man einen Jugendlichen auf Schritt und Tritt bewachen? Ihm heimlich folgen? Sie wusste nicht immer, mit wem er sich traf. Bei einem Mädchen hätte sie sicherlich genauer hingeschaut, nachgeforscht. Aber bei einem Jungen, vor allem einem schüchternen, freut man sich als Eltern, dass er ausgeht, vermeintlich Freunde trifft.

Ob es Streit, Kommunikationsprobleme zwischen Eltern und Kind gegeben hätte? Nicht wirklich. Aber vielleicht doch. Denn erzählen tat er wenig. Man konnte nicht mehr in seine Welt eindringen, der Zugang war erschwert hinter einer Decke des gegenseitigen Respekts. Dieser sollte bewahren, schützen vor einem schwachen Selbstbewusstsein, der beim leichtesten Stoß zusammengebrochen wäre. Er war labil, auf der Suche. Er hätte geleitet, unterstützt, in eine andere Richtung gelenkt werden müssen. Versäumnisse. Tatenlosigkeit. Bequemlichkeit. Ratlosigkeit. Unkenntnis. Fehlende Vorwarnung. Kein Vorwarnsystem.

Ein Auseinanderdriften der Generationen. Kinder, die die Eltern in Stich lassen, mit Grund oder auch ohne, begründeter Weise oder auch nicht. Ähnlich wie damals die Blumenkinder, die aber hemmungslos ihr Leben genossen, nicht in den Tod stürzten, als gäbe es keine Werte mehr auf Erden. Eine friedliche, friedfertige, lebensbejahende Revolution führten, nicht diese destruktive, sinnlose, ziellose, selbstzerstörerische, die ein Armutszeugnis für sie selber, die Eltern und die Gesellschaft darstellt.

Und Dominique fühlt Scham. Sie verkriecht sich. Sie, die Mutter eines Dschihadisten, eines Kriegers, womöglich eines Mörders, was denken die Nachbarn über sie, was tuscheln sie im Vorbeigehen über den verschwundenen Sohn? Sie habe ihn bestimmt nicht verstanden, sich nicht genügend um ihn gekümmert, die Augen verschlossen vor der Vereinsamung ihres Kindes. Sie hätte auf die leichtesten Merkmale achten sollen, seine plötzliche Ablehnung jeglicher Autorität und des Lebens in der Gemeinschaft, seine Zurückgezogenheit, sein permanentes Schweigen, sein Eintauchen, ja sogar Verschwinden in der unergründlichen Welt des Internet nicht ernst genommen. Dominique wird stigmatisiert. Dabei haben die Salafisten ja nur die Unreife, die normale Identitätskrise eines Heranwachsenden ausgenutzt; seine Suche nach einem Ideal, einem Lebenssinn und schließlich nach einer Rolle in der Gesellschaft für ihre eigenen Zwecke missbraucht, umgelenkt, da ein Jüngling noch formbar, beeinflussbar, sein Enthusiasmus leicht entzündbar ist. Sie haben es verstanden, einzig sein auf ein Zeichen wartendes Herz anzusprechen und geschickt seinen Verstand zu umgehen. Aus einem Nichtsnutz wurde der Helfer, der Retter, der Auserwählte, der Weltveränderer, der IS zu seiner Obsession. Nein, das Doppelleben Hakans hatte Dominique nicht erkannt. Bei einem Mädchen, meint sie, sei die Verwandlung vielleicht eher bemerkbar, wenn es plötzlich keine Schminke mehr aufträgt oder gar den Schleier überzieht. Dass ein angepasstes Kind innerhalb

99

von wenigen Monaten, manchmal nur Wochen, zum Kamikaze mutiert, ist schwer fassbar und dennoch Realität.

Dominque fühlt sich machtlos, als Opfer, als Beraubte. Was geht sie die Geopolitik oder die Diplomatie an! Sie zieht sich in die Isolation zurück. Für sie ist das Leben ohne ihren Sohn vorbei, sinnlos. Es besteht nur noch aus einem kontinuierlichen Warten, so wie Leiden, das sie innerlich zerfrisst. Sie hängt am Telefon, am Tablet, an den Nachrichten aus den Kampfgebieten, verfolgt akribisch die Videoübertragungen auf der Suche des geliebten Gesichtes; sie kopiert sich die wenigen Gespräche mit Hakan, damit sie sie jederzeit nachhören kann. Vielleicht waren diese die letzten, und es werden nie neue hinzukommen.

Um den vorwurfsvollen Blicken ihrer Nachbarn zu entgehen, zieht sie in ein entferntes Stadtgebiet; sie meidet die Öffentlichkeit, die Presse und eignet sich letztendlich das Schweigen des Sohnes an. Es bleiben der Schmerz, das Ausharren, das Hoffen, die Liebe.

Alice Munro

Alice Munro, die kanadische Schriftstellerin, hat mehr als 150 Kurzgeschichten verfasst. Als Meisterin der short story der Gegenwart erhielt sie 2013 als erste Kanadierin überhaupt den Nobelpreis für Literatur. Die Begründung für die Erteilung des Preises ist berechtigt, denn Alice Munro hat die Gattung der Kurzgeschichte revolutioniert. Man könnte sie eher als Novelle bezeichnen oder als verkürzten Roman. Auf jeden Fall enthält sie viel mehr Informationen, Handlungen, Stränge, Nebenstränge, Personen als man in einer Kurzgeschichte anzutreffen erwartet. Beim Lesen denkt man sich manchmal, was bestimmte Passagen bezwecken sollen, aber man merkt später, dass jede ihre Berechtigung besitzt und zum Fortlauf des Geschehens beiträgt, wenn nicht sogar notwendig ist. Sogar Munros Verleger ertappt sich immer wieder dabei, dass er einige Absätze streichen will, die ihm einige Seiten danach unumgänglich für das Verständnis der Handlung erscheinen. Nichtsdestotrotz mag diese Form der Kurzgeschichte anfangs befremdend auf den Leser wirken, der in der Kürze von circa 30 Seiten mit Nebenhandlungen, Rückblicken und obendrein mit Hinweisen auf Schriftsteller und Werke konfrontiert wird. Die Geschichten zeichnen sich durch Fülle, Dichte, Konzentration aus. Sie sind Konstrukte, Puzzles, in denen jedes Teil seinen bestimmten eigenen Platz einnimmt. Kein Detail ist überflüssig oder zufällig. Jedes hat seine Bedeutung, ist elaboriert.

Alice Munro wurde 1932 in Ontario, Kanada, geboren. Ihre Werke spielen alle in ihrem Heimatland, die Personen sind Bewohner kleinerer Ortschaften, sodass manchmal fast ein muffiger Geruch zu spüren ist. Dennoch ist der Gehalt der Geschichten immer noch von Gültigkeit.

Sie ist in einer calvinistischen Familie aufgewachsen, wo Demut, Gottvertrauen und ehrliche Arbeit zählten. Dementsprechend gesteht sie in einem Interview mit *„Die Zeit"* (Ausgabe 13 des Jahres 2006), sie sei eigentlich im 19. Jahrhundert aufgewachsen. Weiterhin gibt sie hier eine sehr banale Erklärung dafür ab, dass sie Kurzgeschichten schreibt: Sie habe wegen ihrer zwei kleinen Kinder keine Möglichkeit für das Verfassen eines Romans gehabt. Sie habe sich die Zeit fürs Schreiben hier und da zwischen den Hausarbeiten zusammengestohlen!

Ihre Protagonistinnen sind meist weiblich, Männer haben nur Nebenrollen inne. Im gleichen Interview behauptet Alice Munro, sie sei eine Feministin, da sie sich für die Schicksale von Frauen interessiere. Eine politische Aktivistin sei sie aber auf keinen Fall! Sie schreibt auch über das Verhältnis Mütter – Töchter, während es in der Literaturgeschichte stets um Väter und Söhne ging! Im erwähnten Interview erklärt sie, es gehe zwischen Mutter und Tochter ein Leben lang um Liebe und Hass, Nachahmung und Loslösung, Themen der Kurzgeschichte *„Schweigen"*.

Sie schreibt sehr realitätsnah und dermaßen plastisch, dass man die Handlungen fast wie einen Film vor den Leseraugen abspulen sieht. Somit ist es nicht verwunderlich, dass mehrere ihrer Erzählungen verfilmt wurden. Aus den wenigen 30 Seiten werden zwei Stunden andauernde Filme, ohne dass die Handlung durch Zusätze verlängert würde! Ihre Geschichten sind so inhaltsreich, dass sie keiner Ergänzung bedürfen! Sie selber verfasste auch Drehbücher für die Fernsehadaptationen einiger ihrer Erzählungen. Die Filmrechte für *„Runaway"* (deutsch: *„Tricks"*) erwarb um 2009 der spanische Regisseur Pedro Almodóvar, ein Bewunderer von A. Munro. 2016 kam dann *„Julieta"* in die Kinos, die Verfilmung von *„Schweigen"*, die Geschichte, die hier genauer untersucht wird.

Vor dem Nobelpreis erhielt Munro unter anderem den Man Booker International Prize im Jahre 2009. Ab 1972 war sie auch als Hochschuldozentin tätig. Dass sie eine sehr belesene Autorin ist, beweist sie durch die mehrfachen, unauffällig eingestreuten Hinweise auf Autoren, auf deren Werke oder auf Begebenheiten aus deren Leben. Manchmal begegnen wir ihnen schon im Titel einer Geschichte, wie in *„Wenlock Edge"* (*„Der Grat von Wenlock"*). Die Erwähnungen wirken nicht lästig, sie sind eher nebenbei, am Rande, eingestreut. Sie will sich mit ihrem Wissen keinesfalls brüsten, wie andere Autoren es manchmal tun. Sie möchte es eher teilen oder gar mitteilen und beim Leser die Neugier auf mehr wecken. Dies ist ihre Intention. Sie versucht uns zum Lesen, zum Entdecken andersartiger Lektüre zu animieren, zum Neuen, noch nicht Erschlossenen.

Analyse der short-story Schweigen (Silence)

„*Schweigen*" gehört zu einer Trilogie mit „*Entscheidung*" („*Chance*") und „*Bald*" („*Soon*"), drei Kurzgeschichten, die in „*Tricks*" („*Runaway*") aufeinander folgen, wobei „*Schweigen*" die letzte der Reihe bildet. Nicht nur diese drei Geschichten sondern auch die restlichen in diesem Band tragen einen Titel, der einzig und allein aus einem Substantiv besteht! Diese Kürze erinnert an Telegrammstil, bezeugt, dass alles in diesem einen Wort beinhaltet ist! Als bliebe nicht mehr viel darüber zu sagen. Sie zeigen die Prägnanz von Munros Stil.

Wir haben es mit der Protagonistin Juliet zu tun, die zu Beginn von „*Schweigen*" auf dem Höhepunkt ihrer Karriere steht. Nie zuvor und nie danach wird sie so erfolgreich sein! Denn wie so oft bei Alice Munro trügt der Schein. Juliet steht, ohne es zu wissen, vor dem großen Wendepunkt in ihrem Leben. Vergessen wir nicht, dass ihr Name einer der größten Tragödien Shakespeares entnommen ist! Und dem Wort „*tragedy*" begegnen wir zweimal in der ganzen Geschichte. Das erste Mal – ins Deutsche leider nur adjektivisch mit „*ihrem tragischen Verlust*" übersetzt (Alice Munro, „*Tricks*", Frankfurt 2008, S. 165) - ganz nebenbei und indirekt aus dem Munde von Heathers Mutter (vgl. S. 144 im englischen Text: Munro, „*Runaway*", New York 2005). Sie bezieht sich dabei auf den Tod von Juliets Ehegatten. Das zweite Mal taucht der Begriff in Juliets Reflektionen über ihren Lebensverlauf auf. Ihr Resümee endet ziemlich vernichtend: „... *viel zu viel...* (war) *eine Tragödie gewesen...*" (Munro, "*Tricks*", S. 178). Die eigentliche Tragödie aber, die Juliet widerfährt, ist diejenige, die den Inhalt dieser Geschichte ausmacht.

Juliet fährt auf einer Fähre zu einer Insel, wo sie ihre fast 21-jährige Tochter Penelope nach deren sechsmonatigen Abwesenheit treffen wird. Ihr Name erinnert an die griechische Antike und auch die Tatsache, dass sich Penelope auf einer Insel befindet, mutet griechisch an, wobei neben der physischen die seelische Entfernung zwischen den zwei Frauen durchschimmert. Es handelt sich um einen besonderen Ort, den Juliet nicht einfach zu Fuß und auch nicht per Auto direkt erreichen kann. Es liegt ein Hindernis zwischen Tochter und Mutter, als versuchte Penelope möglichst außerhalb der Reichweite ihrer Mutter zu sein, als wolle sie den Zugang, den Kontakt zu sich erschweren. Und genau hierum geht es in der vorliegenden Erzählung.

Auf der Insel hat sich Penelope in ein Zentrum für spirituelles Gleichgewicht zurückgezogen, sozusagen in einem Tempel aufgehalten, sie, die von ihrer Mutter mit einer Karyatide verglichen wird. Eine Karyatide verbinden wir mit Marmor, mit Stärke, aber auch mit Härte, was Aufschluss über Penelopes Charakter gibt. Das Wort Karyatide stammt vom griechischen Karuatides ab, der Name einer Priesterin in Karyae, dem Tempel der Artemis. Durch die Göttin wird die Verbindung zu der gegen Ende der Kurzgeschichte auftretenden Chariclea hergestellt, die ihrerseits Priesterin im Tempel der Artemis gewesen ist und mit Penelope gleichgestellt wird, wie wir später sehen werden. Artemis war nicht nur Jagdgöttin, sondern auch die Hüterin der Frauen und Kinder, womit genau das Herzstück unserer Geschichte getroffen ist!

Die Autorin versieht uns mit genauen Ortsangaben. Dass es sich um kanadische Orte handelt, genauer um den Westen Kanadas, wo sie selber von 1963 bis in die siebziger Jahre gelebt hat, erfahren wir erst auf der dritten Seite. Die Angabe des Landes ist wichtig, denn allein die englischen Namen, in erster Linie der Inseln, geben beispielsweise dem europäischen Leser keinen Aufschluss über die geografische Situierung.

Juliet, die nicht nur eine bekannte Fernsehtalkshowmasterin ist, zeichnet sich auch durch ein attraktives Äußeres aus. Sie ist dermaßen gewandt im Interviewführen, dass sie ohne weiteres auf dem Schiff zur Insel ein Gespräch mit einer Unbekannten führt. Was hier zu Anfang der Erzählung als Selbstverständlichkeit angenommen wird, wird es im Verlaufe der Geschichte nicht mehr sein! Juliet wird sich immer mehr in sich selber zurückziehen, in ihren Kokon, eher Selbstgespräche führen und weniger Kontakt zu Freunden oder Fremden finden.

Im Gespräch mit der Dame tauchen einige Gegensätze auf: Juliet hat nur eine Tochter, mit der sie bis dato eng zusammen gelebt hat, während die andere Mutter drei Kinder hat, die ihr manchmal allesamt zu anstrengend sind und die sie dann einfach los sein möchte. Eine ganz normale Situation! Teenager können ganz schön auf die Nerven gehen! Juliet hingegen denkt über ihr gutes Verhältnis zur Tochter nach und erst jetzt, auf der zweiten Seite, erfahren wir überhaupt ihren Namen. Juliet beschreibt sie gedanklich und wir bekommen den ersten Hinweis auf einen Bruch, das eigentliche Thema der Geschichte: *„ohne ein Wort von ihr"* (ebd., S. 147), obwohl es zu diesem Zeitpunkt noch eine akzeptable Begründung dafür gibt: Das Verbindungsverbot im Exerzitienzentrum. Juliet erwähnt auch die Leere, die sie durch Penelopes Abwesenheit spürt. Diese Leere wird sich durch die ganze Geschichte ziehen.

In der Beschreibung des Ortes für die spirituellen Exerzitien, der alten heruntergekommenen Kirche, wie des ungepflegten Platzes, auf dem Bäumchen wild sprießen, sogar der Menschen, die kein Interesse für den Neuankömmling Juliet zeigen, werden wir negativ auf die folgenden Ereignisse eingestimmt, und man meint A. Munros Ablehnung oder sogar Kritik an dieser Art von spiritueller Wegfindung gewahr zu werden. Bereits in den Worten der unbekannten Reisenden auf dem Schiff, die gekonnt beiläufig von der Unbeständigkeit dieser Organisationen, von ihrem Kommen und Gehen, spricht, schimmert Munros wohl persönliche Abneigung gegen sie durch. Und tatsächlich wird Juliet diese Institution nichts Gutes bescheren! Aus diesem ruinösen abstoßenden Areal, aus dem unwirtlichen Kircheninneren, in dem Abteilungen durch Stoffabtrennungen geschaffen wurden, kann keine positive Entwicklung hervortreten! Das Innere der Kirche wird mit einem Krankenhaus verglichen, wobei Erinnerungen an improvisierte Krankenzimmer zu Kriegszeiten auftauchen können. Aber welcher Krieg hat sich hier abgespielt? Der innere?

Der Mann, der sich Juliet zuwendet, spricht kein Wort. Sie nimmt an, er befolge vielleicht *„ein Gebot des Schweigens"* (ebd., S. 148), im Englischen *„a rule of silence"* und somit der erste Hinweis auf den Titel der Geschichte. Dann erscheint Joan, die Vorsteherin dieser Einrichtung. Ihr Name schlicht, nicht wie der Penelopes. Und dennoch findet Juliet gleich eine positive Verbindung zum Papst Johannes, d.h. sie sieht erstmals den religiösen, spirituellen Aspekt in dieser Figur. Sie wird ihn später aufgeben für eine Gleichsetzung mit Mother Shipton (s. Munro, *„Runaway"*, S. 135). Welcher Leser, vor allem derjenige außerhalb des angelsächsischen Raumes, mag eine Vorstellung von dieser Person besitzen? A. Munro beweist uns wieder, dass sie aus einem enormen Wissensfundus schöpft. Mother Shipton lebte von 1466 bis 1561 in England. Sie war als Wahrsagerin bekannt, die beispielsweise die große Pest oder das große Feuer in London vorausgesagt hat. Sie schrieb ihre Prophezeiungen in Versform nieder. Wegen ihrer Hässlichkeit und ihrer Fähigkeiten bezeichnete man sie auch als Hexe. Bezugnehmend auf diese Eigenschaften wird sie in der deutschen Übersetzung „*Hexe Shipton*" (Munro, „*Tricks*", S. 153) genannt. Hierdurch ist ihr das Mütterliche genommen und das Böse, Widerliche sofort hervorgehoben. Dabei liegen die Gemeinsamkeiten zwischen Joan und der Hexe Shipton vor allem in ihrer Seherkraft, obwohl Joan nicht direkt voraussagt, dass Penelope den Kontakt mit der Mutter komplett abbrechen wird, das wahre Thema dieser Kurzgeschichte.

Die beiden Frauen kommen nicht gut miteinander aus, obwohl Joan ihre Bewunderung für die in dieser Provinz berühmte Persönlichkeit des Fernsehens äußert. Sie verwendet ein biblisches Zitat: „*Sie* (Juliets Arbeit) *ist ein Lichtstrahl in der Finsternis*" (ebd. S. 149). Im 1. Kapitel, 5, des Johannes Evangeliums geht der Satz weiter mit: „*und die Finsternis hat's nicht begriffen.*" Genauso wie Juliet nichts begriffen hat, nur an der Oberfläche der Dinge verharrt hat? Für Joan hat Juliet nämlich als Mutter versagt! Sie hat Fehler in der Erziehung ihrer Tochter begangen, ihre spirituelle Dimension vernachlässigt und sie nicht unbehindert wachsen lassen. Es werden mehrere Themen gestreift: Feindseligkeit, ein Wort, das innerhalb eines Abschnitts dreimal wiederholt wird! (s. ebd., S. 150), Einsamkeit, Unglücklichsein, Hilfe brauchen, Verletztsein. Alles mögliche Gründe für das Zerwürfnis zwischen Tochter und Mutter. Juliet bekommt ihre Tochter nicht zu sehen und muss alleine nach Hause zurückkehren. Sie hat ihre erste Niederlage erlebt, die mit Joan.

Hiermit endet, was ich als das erste Kapitel der Erzählung bezeichnen würde. Denn Munro macht keine Unterteilungen in ihren Kurzgeschichten, obwohl sie sie vertragen. Das einzige Merkmal für einen Handlungs- bzw. Ortswechsel sind jeweils ein paar Leerzeilen. Andere Merkmale in ihren Erzählungen sind Gedankenstriche oder Klammersetzungen, um Erklärungen, Kommentare oder die Anmerkungen der Erzählerin zu vermitteln.

Nach dem Kapitel „*Juliet und das Zentrum für spirituelles Gleichgewicht*" folgt „*Penelopes erste Geburtstagskarte*". Es ist ein Ortswechsel erfolgt, Juliet befindet sich in ihrer Wohnung, und auch zeitlich sind ein paar Wochen verstrichen. Hier erfahren wir ein genaues Datum, der 19. Juni, obwohl ohne Jahresangabe, aber mit dem Hinweis auf Penelopes Alter: Es ist ihr 21. Geburtstag. Sie gehört also zum Sternkreiszeichen Zwillinge, der sich durch den Drang nach persönlicher Freiheit kennzeichnet, was Penelope durch ihr Verhalten unter Beweis stellen wird. Sie hat das Alter erreicht, in dem der Mensch volljährig wird, erwachsen. Und folgerichtig das Stadium, in dem sie mittels des Bruchs mit der Mutter ihren eigenen Weg einschlägt. Dies ist Juliets zweite Niederlage, das eigentliche, bereits im Titel erwähnte Thema der Erzählung.

Es folgt das Kapitelchen „*Juliet bei Christa*", das zur tieferen Einsicht in die seelische Stimmung Juliets dient. Sie erzählt ihrer alten Freundin nicht nur von Penelopes Wegbleiben, sondern auch von ihrer Begegnung mit der Hexe Shipton, von ihrer Niederlage ihr gegenüber. Über Christa erfahren wir nur, dass sie im Altenheim lebt. Alice Munro lässt durch die Schilderung der Wohnverhältnisse Christas wieder eine unterschwellige Kritik anklingen: Hinter den wunderschön blühenden Büschen im Gärtchen befinden sich die Mülltonnen! Den alten Menschen wird ein fast unwürdiges Dasein zugemutet.

Christa ist dem Leser von „*Entscheidung*" eine alte Bekannte. Sie war nämlich Erics Geliebte gewesen, bevor Juliet in Erscheinung trat. In der vorliegenden Geschichte spielt sie eine Nebenrolle; wir werden aber gleich erfahren, dass sie der Auslöser für eine gewaltige Auseinandersetzung zwischen den Eheleuten Eric und Juliet wurde.

Das vierte Kapitel, „*Ein Jahr ohne Lebenszeichen von Penelope*", zeigt uns eine untröstliche Juliet. Wir erhalten die Information, dass Penelope auf eine Privatschule gegangen ist, die Kinder aus aller Herrenländer besuchten, „*aus Alaska oder Prince George oder Peru*" (ebd., S. 155). Das bedeutete für Penelope einen wiederholten Wechsel der Freundschaften, da diese Schüler in ihre Ursprungsländer oder sogar in andere Länder wegzogen. Abgesehen davon, dass Penelope der geistige Halt in der häuslichen wie in der schulischen Erziehung fehlte, fand sie sicherlich keinen durch Beständigkeit in den Freundschaften. Ein deutlicher Minuspunkt in Juliets Auswahlkriterien für ihre Tochter. Außerdem handelt es sich um ein Internat, was bedeutet, dass Penelope nicht in einem warmen familiären Umfeld aufgewachsen ist. Wann soll der innige Zusammenhalt zwischen Mutter und Tochter entstanden sein, wenn sie bis zum dreizehnten Lebensjahr im Internat aufwuchs und später zwar, nach des Vaters Tod, in die Tagesschule ging, die Mutter aber aufgrund ihrer intensiven Tätigkeit wenig Zeit für sie übrig hatte? Dies wirft ihr Joan vor: *„Da waren Sie, mit Ihrem wunderbaren, rastlosen, erfolgreichen Leben"* (ebd., S. 151). Hat Juliet das wahre Verhältnis zwischen ihr und Penelope nicht richtig erkannt, da sie es offensichtlich anders empfindet? Diesen Eindruck können wir auch dadurch gewinnen, dass Penelope in der Geschichte kaum selber in Erscheinung tritt oder direkte Aussagen macht. Sie bleibt eher im Hintergrund. Der Leser bekommt nur ein vages, schemenhaftes Bild von ihr vermittelt. Er weiß beispielsweise nicht, welches Studium sie absolviert, nur dass sie ein College besucht. Weitere Hinweise auf mögliche Gründe für Penelopes Wegbleiben werden im Laufe der Erzählung hinzukommen.

In diesem Jahr, das Stillstand in Juliets Leben signalisiert, tut sich immerhin etwas: Nach dem Erhalt der zweiten wortlosen Geburtstagskarte von Penelope zu ihrem eigenen Geburtstag verbannt Juliet Penelopes Sachen in deren Zimmer und hält die Tür dazu verschlossen. Ohne den Anblick der Erinnerungsstücke fällt es ihr leichter, über die Abwesenheit der Tochter hinwegzukommen. Eltern, die ein Kind verloren haben, bewahren oft dessen Zimmer als eine Art Altar. Dies ist bei Juliet nicht der Fall, denn die Tochter lebt! Ein Abschluss, ein Schlussstrich ist nicht möglich. Zu den Dingen, die Juliet aus ihrem Sichtkreis entfernt, gehören auch Bilder, die Penelope in *„Whale Bay"* gemalt hatte. Dies ist die erste Erwähnung des Ortes, wo die Familie gelebt hatte.

Das fünfte Kapitel, *„Umzugsgedanken"*, zeigt eine weitere Stufe in Juliets Loslösungsversuch: Sie erwägt umzuziehen, um sich noch stärker von der Vergangenheit zu befreien. Sie macht sich Vorwürfe, dass sie der Tochter keine religiöse Basis gegeben hat. Es ist ganz natürlich, dass sie verzweifelt nach Gründen für das Auseinanderdriften mit ihrer Tochter sucht. Sie möchte verstehen, was geschehen ist, was sie falsch gemacht hat, um es eventuell reparieren zu können. Ohne den Anlass zu kennen, ist es nicht möglich einzulenken, gesetzt den Fall, dass ihre Tochter ihr dafür eines Tages die Gelegenheit geben sollte. Die Zeit ist aber noch nicht reif, und Juliet bleibt erstmal in der von Penelope bekannten Adresse wohnen, denn Juliet hegt noch die Hoffnung, ihre Tochter werde sie kontaktieren. Juliet schwankt zwischen Hoffnung und Aufgabe, Resignation.

Nun folgt ein Rückblick von immerhin sechs Seiten, wenn wir ihn komplett betrachten, sind es sogar um die zwölf, inklusive Penelopes Reaktion. Obendrein befindet er sich ziemlich genau in der Mitte der Geschichte, mit ungefähr zehn Seiten davor und zehn danach. Das zeigt uns die Wichtigkeit des beschriebenen Geschehens. Es gibt Aufschluss über den Hintergrund und den Grund für Penelopes Verschwinden.

Maß für den Ablauf von Zeit ist Penelopes Alter. Am Anfang der Erzählung war sie fast 21, dann schickt sie ein Jahr darauf die zweite Geburtstagskarte, war also 22 und nun werden wir in eine Zeit zurückversetzt, in der sie kaum 13 Jahre alt war, also neun Jahre vor der Jetztzeit. Obwohl uns mitgeteilt wird, dass die abwesende Penelope ihrer Mutter Karten zu ihrem eigenen Geburtstag schickt, d. h. dieser von großer Wichtigkeit gewesen ist, erfahren wir nur durch das Adverb *„barely"* (s. Munro, *„Runaway"*, S. 137), dass sie den 13. kürzlich erlebt hat, nicht aber wo oder mit wem. Die Autorin bekräftigt durch die Beigabe des Umstandswortes *„gerade"* (s. Munro, *„Tricks"*, S. 157), wie jung das Kind bei Antritt dieser Ferien mit fremden Leuten noch war, und äußert dadurch eine Kritik am Verhalten der Mutter. Gegenüber der deutschen Version klingt das englische Original stärker. Man könnte es auch mit „kaum" oder „gerade mal" übersetzen, womit nicht nur eine Altersangabe, sondern auch die Missbilligung der Erzählerin zum Ausdruck kommt.

Der Name der Schule, die Penelope besucht hat, *Torrance House*, ist uns bereits bekannt, da Juliet dort früher unterrichtet hatte. Hiermit wird nochmals eine Verbindung zu *„Entscheidung"* hergestellt, in der ganz zu Anfang der Name der Schule auftaucht und auch ein Datum: Juni 1965, wodurch wir die jetzige Handlung in das Jahr 1988 legen können. Penelope geht campen mit einer Schulfreundin und deren Familie. Es ist eine kanadische Familie, keine ausländische, trotz des Hinweises auf die internationale Zusammensetzung der Schülerschaft wenige Seiten zuvor.

In diesem Kapitel, *„Der Ehebruch"*, tritt auf der 11. Seite zum ersten Mal Juliets Ehemann Eric in Erscheinung. Und der Name der Geliebten? Christa! Wieder die Verbindung zu *„Entscheidung"*. Dort war die junge Juliet einfach zu Erics Haus in Whale Bay, nördlich von Vancouver, gefahren. Sie wusste nur wenig über ihn, allerdings dass er verheiratet war. Diese Tatsache hielt sie nicht davon ab, in sein Heim einzudringen. Ihr war bekannt, dass Erics Ehefrau Ann durch einen Unfall ein Pflegefall geworden war, dass er sie nicht verlassen hatte. Per Zufall kommt Juliet am Tage von Anns Begräbnis an. Sie trifft Eric nicht an. Er weilt bei seiner Geliebten, Christa. Juliet wird über Ann und über Christa triumphieren.

Aber nun zurück zu *„Schweigen"*. Der Ehebrecher Eric, der bereits in erster Ehe seine Frau sowohl mit einer Sandra wie mit Christa betrogen hat, ist es in seiner zweiten Ehe mit Juliet nochmals mit seiner ehemaligen Geliebten Christa. Übrigens erwähnt die Nachbarin Ailo in *„Entscheidung"*, dass Sandra und Christa befreundet waren, so wie auch Juliet und Christa es danach sind, obwohl eine gewisse Rivalität zwischen beiden existiert, ein Substantiv, mit dem diese Erzählung endet! Aber der Rückblick ist zweischichtig, denn wir müssen nochmals 12 Jahre zurückgehen, als Penelope ein Jahr zählte! Zu der Zeit fand nämlich der Ehebruch mit Christa statt. Die Gelegenheit dazu ergab sich dadurch, dass Juliet mit der kleinen Penelope ihre Eltern in Ontario besuchte, was wiederum in *„Bald"* erzählt wird. Die drei Erzählungen sind chronologisch aufeinanderfolgend aufgebaut; *„Schweigen"* greift aber immer wieder auf die eine oder die andere zurück. Es ist Ailo, die Juliet den Hinweis über den Ehebruch gibt, nicht aus Liebe zu ihr, sondern eher aus Bosheit. Juliet, die zwei Frauen den Mann genommen hat, müsste Verständnis für deren Handlungen haben, aber nein, sie reagiert mit heftigen Eifersuchtsszenen. Und hier erhalten wir vielleicht den Schlüssel zu Christas Namen, sie, die sich aufopfern muss, ihre Liebe aufgibt, danach alleine weiterlebt und klanglos in Einsamkeit sterben wird. Eine Anlehnung an Christus' Opferhaltung. Erics Name hingegen klingt skandinavisch; mehrere schwedische Herrscher trugen ihn und er erinnert auch an die Wikinger. Eric ist ein Fischer, lebt und ernährt seine Familie vom Fang. Alice Munro stört sich nicht daran, verschieden orientierte Menschen zusammenzubringen: Juliet hat einen Magister in Klassischen Sprachen, d. h. Latein und vor allem Griechisch. Sie ist inmitten von Büchern aufgewachsen, belesen. Eric hingegen verfügt über ein direktes Naturverständnis, kennt aber beispielsweise nicht die Herkunft der Namen der Sterne. Juliet kann ihm die mythologischen Geschichten dazu mit Leichtigkeit erläutern. Und Munro stellt solch eine gegensätzliche Verbindung nicht in Frage, präsentiert beide als komplementär und sich gegenseitig befruchtend. Informationen, die uns *„Entscheidung"* übermittelt.

Den erwähnten Besuch Juliets bei ihren Eltern wird sie im Nachhinein als der ihrer *„sterbende(n) Mutter"* (ebd., S. 158) bezeichnen. Hierauf legt sie Wert, denn es plagen sie Gewissensbisse. Juliets Verhalten bei diesem Aufenthalt war ethisch nicht vollkommen korrekt. Er hinterließ einen bitteren Beigeschmack in ihren Erinnerungen. Sie hatte ihrer Mutter seelisch nicht beigestanden und somit eine Unterlassungssünde begangen. Als Sara ihr ihren simplen Glauben erklärt, der darin besteht, dass die Dinge, die sie sich wünscht, eintreten, wie zum Beispiel, dass Juliet da ist, wenn sie sich sehr schlecht fühlt, in dem Moment hat Juliet einfach den Raum verlassen, statt sie mit einem *„Ja"* zu trösten. Juliet hat sich abgewandt! Mit diesen Worten endet *„Bald"*. Deren Bedeutung ist klar: Juliet hat Sara im Stich gelassen, einfach so. Was sie ihrer Mutter angetan hat, spürt sie nun am eigenen Leibe durch Penelopes Kälte. Sie hätte durch ihre Wesensart gewissermaßen darauf vorbereitet sein müssen!

Der mehrseitige Rückblick in *„Schweigen"* besteht aus drei Unterkapiteln: 1. *Erics Ehebruch*, 2. *Christas Beschwichtigung*, 3. *Das Unglück*, das den größten Teil einnimmt.

Christa haut in die gleiche Kerbe wie Eric: Es war nichts Ernstes. Aber für Juliet bricht eine Welt zusammen, sie erträgt es nicht, hintergangen worden zu sein. Eine typisch weibliche Reaktion. Die Erzählerin hatte schon eine klare Differenzierung zwischen männlichem und weiblichem Verhalten aufgezeichnet: Der Mann begnügt sich mit dem Anschein von Liebe, während es der Frau um echte Gefühle geht! Eric versucht dem Problem aus dem Weg zu gehen, bagatellisiert es, wieder eine typisch männliche Handlungsweise. Er bringt überhaupt kein Verständnis dafür auf, dass sich Juliet über etwas aufregen kann, was zwölf Jahre zurück liegt. Diese Zeitangabe steht in Kursivschrift (ebd., S. 160). Munro verwendet sie für Zitate innerhalb einer Erzählung, zur Hervorhebung bestimmter Umstände. Die Zahl zwölf gehört wie die drei und die sieben zu den magischen, bedeutsamen Zahlen, die in allen Kulturen vorkommen. Die zwölf treffen wir in den Monaten des Jahres an, in den Tierkreiszeichen, u.a.m. Sie stellt die Vollkommenheit, die kosmische Ordnung dar. Vielleicht meint es hier Munro ironisch, denn bei Familie Porteous ist die Ordnung gerade dabei zusammenzubrechen. Und wir befinden uns im dreizehnten Jahr, in dem ein Unglück geschehen wird.

Juliet stellt hohe Erwartungen an menschliche Beziehungen; eine Lüge, eine Untreue, kann sie nicht dulden. Und sie ist nachtragend, sie verzeiht nicht leicht. Sie überreagiert in Bezug auf Erics Ehebruch, der ein Dutzend Jahre zurückliegt und der sich danach nicht wiederholt hat. Es ist demnach nicht verwunderlich, dass Penelope nach dem Muster ihrer Mutter handeln, dass sie genauso unnachgiebig sein wird. Vergebung haben beide nicht gelernt.

Juliet fühlte *„sich all dessen beraubt..., was ihr Halt gegeben hatte"* (ebd., S. 160); das Leben mit einem zu ihr stehenden Ehemann ist verloren gegangen. Eric als Stütze, genauso wie Penelope, die bereits auf Seite 147 als Karyatide beschrieben wurde, eine für Juliet darstellt! Sie verliert beide! Sie besitzt nicht die Fähigkeit, diese für sie äußerst wichtigen Menschen zu halten.

In dieser bewegten Zeit der Beschuldigungen klappt der Sex zwischen Eric und Juliet hervorragend (ebd., S.160) und Juliet bringt den Vergleich zu Pepys und Mrs. Pepys. Die Namen klingen nach Comicstrips, sind es aber nicht im Geringsten. Es handelt sich um Samuel Pepys (1633-1703), Staatssekretär im englischen Marineamt. Er ist bekannt durch seine Tagebücher mit brisanten politischen sowie erotischen Angaben. Da er eine Entdeckung seiner Kommentare fürchtete, schrieb er chiffriert. Er vermachte der Universität von Cambridge seine komplette Bibliothek, in die er auch seine umfangreichen Tagebücher gestellt hatte. Sie wurden erst um 1800 entdeckt und entziffert! Seine Ehefrau, Elisabeth, war eifersüchtig auf seine Eskapaden. So hat Munro mal wieder beiläufig eine höchst interessante Persönlichkeit in ihre Erzählung eingebracht.

In diesem Absatz wird zum ersten Mal von Erics Lebensunterhalt berichtet, was der Leser von „*Chance*" bereits wusste: Er ist Garnelenfischer. Die dreizehn Jahre Eheleben verbringen Eric und Juliet in Whale Bay, wo Eric schon mit seiner ersten Frau gelebt hatte. Sein Beruf wird ihm zum Verhängnis. Im folgenden Unterkapitel „*Das Unglück*" erfahren wir darüber: Bei gutem Wetter steigt er in sein Boot, wird aber aufgrund eines Unwetters nie zurückkehren. Aber zuerst werden wir über die Verunglückten der anderen Boote informiert. Ihre Erwähnung klingt nach Zeitungsbericht, wodurch der Vorfall umso glaubhafter wirkt. Erics Körper taucht „*am dritten Tag*" (ebd., S. 161) auf. Wieder eine magische Zahl, die drei. Sie erinnert an Jesus, der am dritten Tag auferstanden ist. Eric stirbt, ohne dass das Zerwürfnis mit seiner Ehefrau zur Klärung gekommen wäre, genauso wie es keine Aufklärung bezüglich des Schweigens vonseiten Penelopes geben wird! Zwei parallele Handlungen! Liegt es an Juliets Charakter oder ganz einfach an der menschlichen Natur, dass wir nicht fähig sind, unsere Angelegenheiten ins Reine zu bringen?

Wie gehabt verwebt Munro die Handlung durch die Wiederkehr bekannter Figuren: Es ist Ailo, die Person, die Erics Ehefrau gepflegt hatte, die in seinem Haus präsent war, als Juliet dort zum ersten Mal erschienen ist (vgl. „*Entscheidung*"), die später Juliet Hinweise zu Erics Ehebruch mit Christa gibt und die nun in ihrer Funktion als Arzthelferin die Todesbescheinigung für Eric erstellen wird. Ailo begleitet den ganzen Zyklus der Beziehung Eric – Juliet bis zum bitteren Ende. Sie wird mit ihren langen weißen Haaren als „*Widow of the Sea*" (im englischen Text auf S. 142 - zwecks Hervorhebung - in Großbuchstaben!), als „*Seemannswitwe*" (ebd., S.162) beschrieben, so dass der Leser sie unwillkürlich als Erics Witwe! betrachtet, für den sie tatsächlich starke Gefühle empfunden zu haben scheint. Auch ihr skandinavisches Blut findet Erwähnung, was sie nochmals mit Eric verbindet, dessen Name ebenfalls eindeutig nordisch klingt. Ihr Name ist die finnische Version des griechischen Vornamens „Helena", welcher wiederum die Verbindung zum gräzisierenden Inhalt der Geschichte herstellt.

Nun folgt die zentrale Szene der Erzählung: Die Verbrennung von Erics Körper am Strand. Munro bezeichnet sie als eine halbwegs heidnische Zeremonie. So mutet sie auch an. Es ist eine starke Szene. Verwunderlich wirkt, dass der Regisseur Almodóvar sie nicht in seinem Film „*Julieta*“ aufgenommen hat. Dabei hat bereits der Leser den Ablauf der Handlung bildhaft vor Augen, so prägnant ist sie geschildert! Man fragt sich, ob die Verbrennung wirklich stattfinden muss, ob Eric nicht hätte begraben werden können, obendrein ob im heutigen Kanada eine Verbrennung ohne weiteres möglich ist, sprich legal durchführbar ist. Munro gibt uns den Hinweis, woher sie die Idee dazu geschöpft hat. Eric hatte einen berühmten Vorgänger: den Dichter Percy B. Shelley (1792 -1822), der ebenfalls bei einem Bootsunglück ertrank. Aber Munro erwähnt nicht nur den bekannten romantischen Schriftsteller, sondern auch noch Trelawny, der sich mit seinen „*Recollections of the Last Days of Shelley and Byron*“ einen gewissen Ruhm verschaffen hat. Edward John Trelawny erlebte nämlich sowohl Shelleys wie auch wenig später Byrons Tod in Griechenland aus ziemlicher Nähe. Shelleys Körper wird von seinen Freunden Trelawny, Byron und Leigh Hunt am Strand verbrannt und Trelawny hat angeblich nach Shelleys Herz gegriffen, als das Feuer loderte. Munro bringt den Namen Trelawny mit Fragezeichen, als sei sich Juliet über die historische Korrektheit nicht sicher. Mit diesem kleinen Zweifel lässt die Autorin beim Leser nicht den Gedanken aufkommen, sie wolle sich mit Kenntnissen brüsten und sie verleitet manchen Neugierigen zum Nachforschen. Schließlich bezeichnet sie das Herz einfach als ein fleischiges Organ, dem man keine weiteren Attribute zuzugestehen brauche. Eine Herabstufung dieses unseres Zentrums. Es ist bedeutungslos.

Die „*ein wenig skandalös(e)*“ Zeremonie (ebd., S. 163) verwandelt sich in eine rein männliche, da die Mütter ihre Kinder aus Angst vor den Spritzern der verbrennenden Organe wegzerren. Man wird an eine Opferdarbietung erinnert, so wie die alten Griechen sie durchführten. Und somit entsteht auch die Verbindung zu Penelope und zu der erwähnten Chariclea, die am Schluss der *Aethiopica* den Göttern geopfert werden soll. Chariclea wird letztendlich dieses Schicksal erspart bleiben. Penelope selbst erfährt erst Monate später, aufgrund von Juliets Zusammenbruch im Februar, von des Vaters Verbrennung. Und so befinden wir uns im nächsten Kapitel, Nummer sieben, das ich mit „*Penelope*“ betiteln möchte, da sie endlich die zentrale Figur ist und auch selber kurz zu Worte kommt.

Da das Kind sich auf Campingausflug in den Bergen befand, war es unwissend über den Tod seines Vaters geblieben. Christa spielt die Rolle des Mediators und begleitet Juliet nach Vancouver, wohin Penelope inzwischen mit ihrer Freundin Heather und deren Familie aus den Ferien zurückgekehrt ist. Wir erfahren nichts über Penelopes Reaktion auf die schreckliche Nachricht. Nur einen Kommentar am Rande: *„Na ja, eigentlich kannte ich ihn kaum"* (ebd., S. 165), sagt sie zu einem Mädchen. Dabei hatte sie es geliebt, mit Eric auf Fischfang zu gehen und sogar behauptet, seinen Beruf ergreifen zu wollen. So einfach hat sie ihn innerlich bestimmt nicht aufgegeben, auch wenn die Autorin schreibt: *„Sie ließ ihn fallen"* (ebd., S. 166). Genau dies wird dann Penelope mit ihrer Mutter tun, sie aus ihrem Leben tilgen, wie die Mutter den Vater aus dem ihrigen ausradiert, entfernt hat. Ihre Lehrmeisterin ist ihre Mutter, die sie lediglich nachahmen wird. Übrigens ist in diesem langen Absatz immer nur von *Eric* die Rede, nie aber von *ihrem Vater!* Nein, sie hat ihre Trauer in sich hineingefressen, so wie es Juliet ja auch getan hat, bis sie zusammenbrach. Es gibt kein Gespräch zwischen Mutter und Tochter, kein Trösten, keine Annäherung, nur Zerstreuung in Heathers Haus, wo beide den Rest der Sommerferien wohnen bleiben. Man bedenke, dass Penelope dreizehn Jahre alt ist, also am Anfang der pubertären Phase steht! Dies verdeutlicht die Autorin durch die Angabe, dass Penelope *„sich kürzlich die Zehennägel rot lackiert hatte und eine falsche Tätowierung um ihren Bauchnabel herum zur Schau trug"* (ebd., S. 166). Der Verlust des Vaters muss sie hart getroffen haben. Sie kann der Mutter mehrere Vorwürfe machen:

1. Dass sie die Tochter in die Ferien ziehen ließ, während Eric dagegen war, wofür er ein stichhaltiges Argument hat: Die Tochter geht das ganze Jahr auf ein Internat; zumindest in den Schulferien möchte er sie bei sich haben. *„…he missed Penelope badly"*, erfahren wir auf Seite 138 im englischen Text (deutsch: *„er vermisste Penelope schmerzlich"*, ebd., S. 158). Das gleiche englische Verb, mit einer den ursprünglichen Sinn entstellenden Vorsilbe versehen, wird einige Seiten später die gefühlsmäßige Verbindung zwischen Vater und Tochter verbildlichen: Auf Seite 145 bekommen wir es gleich zweimal indirekt aus Penelopes Mund zu hören: *„And now he was dismissed… She dismissed him"*

(*„Und jetzt wurde er fallen gelassen... Sie ließ ihn fallen"*, ebd., S. 166). Sie zahlt es ihm heim, dass er sie so klanglos aufgegeben hat. Die Mutter ist in gewisser Weise zur Rechenschaft zu ziehen, denn vielleicht wäre durch Penelopes Gegenwart der Vater nicht weggefahren oder er hätte eventuell die Tochter mitgenommen, wäre dann wohl früher zurückgekehrt und das Unglück hätte sich nicht ereignet.

2. Durch die Verbrennung des Körpers des Vaters ist nichts mehr von ihm übrig. Die Tochter hat sich nicht von ihm verabschieden können. Es gibt obendrein kein Grab, an dem sie ihn aufsuchen kann.

3. Juliet zieht nach Vancouver, das für Penelope elterliche Haus wird aufgegeben, der Hund an Erics Sohn – der ansonsten keinerlei Erwähnung findet und von dessen Verhältnis zu seiner Schwester wir eben so wenig Informationen erhalten – übergeben. Auch dieses Lebewesen, der Hund, verschwindet aus Penelopes Umkreis. Vielleicht hätte er ihr Trost spenden können. Sie steht nun vollkommen ohne Vergangenheit da. Alle Erinnerungen werden ihr genommen. Ihr *„Leben dort (*in Whale Bay) *war beendet"* (ebd., S. 168) sagt uns die Autorin in Bezug auf Juliet. Diese Tatsache gilt aber ebenso für Penelope, die zwei Verluste in einem verkraften muss: Den Vater und das Elternhaus plus seine Umgebung, die Natur, die sie geliebt hat. Sehr viel für einen jungen Menschen. Die Autorin bringt diese Faktoren nicht in direkten Zusammenhang mit Penelopes Schweigen, man kann sie aber als Grund dafür betrachten.

In der Beschreibung des Verhältnisses zwischen Vater und Tochter erfahren wir Zutreffenderes über Penelopes Wesen als durch Juliets Sichtweise. Auf Seite 147 beschrieb die Mutter sie als lebensklug, nachdenklich, kräftig und voller Mitgefühl. Keine dieser Eigenschaften, vor allem die der Empathie, sehen wir durch ihre Handlungsweise bestätigt. Sie handelt als Egoistin. Als *„noble"* (auf Seite 128 des englischen Originals und nicht mit ins Deutsche aufgenommen), *„edel"*, kann man die Abkehr von der Mutter nicht bezeichnen. Als einziges Adjektiv verbleibt „kräftig" oder „stark" (*„strong"* im englischen Text auf Seite 128) und das beweist Penelope durch ihr konsequentes Durchhalten des Schweigens in vollem Ausmaß. Der Vergleich in punkto Schönheit mit Juliets Mutter wirkt durch den Begleiter „engelhaft" irreführend, da sich ihr Verhalten nicht als ein solches herausstellt. Kennt Juliet ihre Tochter überhaupt? Man gewinnt den Eindruck, sie mache sich ein falsches Bild von ihr. Juliet gesteht Christa: *„Sie* (Penelope) *ist eben ein Rätsel, das ist alles. Das muss ich begreifen"* (ebd., S. 170). Und fügt sofort hinzu: *„Ein Rätsel und ein kalter Fisch".* Dieser Zusatz steht abgetrennt im nächsten Absatz. Munro bezweckt, dass wir ihn nicht übersehen, streicht dadurch die Wichtigkeit hervor. Sie will damit zeigen, dass Juliet sich über das wahre Wesen ihrer Tochter nicht im Klaren ist! Wir finden eine Bestätigung hierfür im fehlenden Auftreten Penelopes, sie bleibt in der Ferne, in Nebel umhüllt. Bloß ihre Gefühlskälte hat Juliet erkannt und durch den Vergleich mit einem Fisch zum Ausdruck gebracht.

Die Wahl von Penelopes Namen hat die Autorin keinesfalls zufällig getroffen. Er entstammt wie so viele der Angaben in der vorliegenden Geschichte aus der griechischen Antike. Die Penelope aus der Sage, die uns durch Homers Odyssee bekannt ist, wird genauso wie die in *„Schweigen"* abgöttisch von ihrem Vater geliebt, findet aber die Kraft, ihn für den Ehemann Odysseus zu verlassen; die unsrige verlässt auf ähnliche Weise schlagartig ihre Mutter. Beide wissen um den Schmerz, den sie den Verlassenen zufügen. Beide beherrschen das Ausharren: Die mythologische wartet geduldig 20 Jahre auf die Rückkehr ihres Ehemannes, obwohl sie von Verehrern umzingelt und belagert wird, während die unserer Erzählung unbeirrt ihr Schweigen hält. Die griechische Figur steht für eheliche Treue und Keuschheit; sie ist in ihrer Vorgehensweise konsequent, zielorientiert, beharrlich, aber auch schlau und sogar betrügerisch, denn sie zerreißt in der Nacht, was sie am Tage gewebt hat. Diese Charaktereigenschaften kann man auch Munros Penelope zuschreiben. Beide unterscheiden sich dadurch, dass die eine selber wartet, während die zweite warten lässt!

Dass Juliet in die Stadt zieht, ist verständlich, denn sie ist keine Fischerin sondern eine Intellektuelle, die ihren Unterhalt besser mit ihrem Wissen verdient. Es fällt ihr auf, wie einfach sich hier das Leben im Vergleich zu jenem in Abhängigkeit der Naturelemente meistern lässt. Eine Meinung unserer allwissenden Erzählerin, die uns wieder einmal ihren Standpunkt durchgibt.

Der Aufenthalt in Heathers Haus ist nur eine Episode, die

119

mit Juliets Arbeitsbeginn in der Bibliothek endet. Gekoppelt ist er in diesem achten Kapitel, *„Arbeitsstelle und Umzug"*, mit den Einzug von Mutter und Tochter in eine Dreizimmerwohnung in Vancouver. Als Juliet dort ihr Breakdown erlebt, als ihr endlich der Tod ihres Gatten bewusst wird, steht ihr Penelope zur Seite und pflegt sie. Erst zu diesem Zeitpunkt erzählt ihr Juliet von der Verbrennung des Leichnams, öffnet sie sich ihrer Tochter! Man bekommt den Eindruck, in dieser Zeit seien sich die beiden näher gekommen, denn hier wird das einzige Gespräch zwischen ihnen wiedergegeben und Penelope spricht zärtlich von ihrem Vater als *„Dad"* (ebd., S. 168). Erst jetzt, neun Monate nach dem Ereignis, entlädt sich die Mutter in einer Art Katharsis ihrer verschwiegenen Untat. Sie hat mit dieser Last, mit dieser Lüge gelebt. Sie ist sich der Belastung für ihr dreizehnjähriges Kind bewusst.

Als bedeute ihre Beichte eine innere Befreiung, schöpft Juliet die Kraft, sich weiterzuentwickeln. Ihr Geständnis hilft ihr aufzublühen und eine Arbeitsstelle beim lokalen Fernsehsender zu erhalten. Ein Jahr später fängt sie an, Interviews zu führen. Die Erzählerin berichtet uns, dass ihre ständigen Lektüren nun Früchte tragen, indirekt dass auch wir immerfort lesen sollen, auch wenn unsere Umgebung, wie hier Ailo, uns davon abhalten wollen. Das Lesen wird sich immer positiv auswirken! Wir erfahren auch einen bis dato unbekannten Charakterzug von Juliet: Sie ist Perfektionistin! *„Obwohl sie zu Hause auf und ab marschierte und Jammerlaute oder Flüche ausstieß, während sie sich eine Pause oder Unsicherheit oder, schlimmer noch, einen Versprecher in Erinnerung rief"* (ebd., S. 169).

Im neunten Kapitel, *„Ohne Lebenszeichen von Penelope"*, erleben wir einen Sprung in die Jetztzeit plus fünf Jahre. Das Schweigen hat sich etabliert. Keine Geburtstagskarten mehr. Juliet schwankt zwischen Selbstbeschuldigungen und Abweisungen jeglicher Schuld. Sie wagt eine Veränderung durch den Umzug in eine kleinere Wohnung, in ein Erdgeschoss. Sie ist sozusagen auf die Erde, in die Realität zurückgekehrt. Sie anerkennt die Tatsachen, traut sich aber noch nicht, sich von Penelopes Sachen zu trennen. Sie verstaut sie im Keller. Ebenso verstaut sie das Andenken an die Tochter im Keller ihres Gedächtnisses. Es ist die Art und Weise, mit dem Verlust umzugehen, ihn zu ignorieren, um es zu schaffen, weiterzuleben.

Der Leser fühlt sich berechtigt, Penelope als Egoistin zu betrachten. Die Mutter hat bereits einen heftigen Schlag durch den Tod ihres geliebten Gatten erlitten, jetzt fügt ihr die Tochter mit ihrem Verschwinden noch den zweiten hinzu! Im realen Leben geht es leider oft ebenso zu, obwohl man berechtigt ist zu denken, ein erwachsenes Kind könne auf die Umstände Rücksicht nehmen!

Im zehnten Kapitel, „*Altgriechische Studien*", werden wir mit einem neuen Wechsel in Juliets Leben konfrontiert: Sie hat ihren Beruf beim Fernsehen an den Nagel gehängt und auf der Suche nach einem kompletten Wechsel zu ihrer alten Liebe, zu den Griechen, zurückgefunden. Mütter, die wie Juliet von einer Tochter verlassen werden, gehen immer wieder diesen Weg des Neuanfangs. Sie krempeln ihr Leben vollständig um und suchen nach etwas anderem, vielleicht um in einem neuen Betätigungsfeld so wenig wie nur möglich an das geliebte Kind erinnert zu werden. In Juliets Fall handelt es sich auch um eine Regression: Sie wird nun gärtnern wie der Vater es nach der Aufgabe seines Lehrerberufs tat. Es handelt sich wieder um einen Verweis auf „*Bald*". Damals hatte sie diese Betätigung missbilligt, nun erkennt sie sie als willkommene Abwechslung an, eine späte Anerkennung des Vaters! Und im nächsten Absatz wird die Ähnlichkeit zu ihrer Mutter hervorgehoben. Wieder durch eine Veränderung: Durch lange Haare, die sie nicht mehr färbt. In „*Bald*" wurde Saras gutes Aussehen hervorgehoben, das markante Merkmal von Abrahams Ehefrau, die laut Bibel auch mit 65 Jahren durch ihre Schönheit bestach! Diese Vergleiche verdeutlichen Juliets Rückzug in die Sicherheit der Familie, die sie nun entbehrt. Als brauche sie den Kokon der Eltern, um nicht zu zerbrechen.

Juliet verändert ihr Leben vollständig: Sie bricht allmählich den Kontakt zu alten Freunden ab, obwohl wir wenig von solchen erfahren, außer von Christa. Sie erscheint eher als einsamer Mensch, der mehr Wert auf Bücher als auf menschliche Wärme gelegt hat. Dies sagt sie von sich selber auf Seite 157, wo sie den Unterschied zu Penelope feststellt, die „*sich zu einem normaleren Mädchen entwickelte, als sie selbst es gewesen war*", worüber sich die Mutter freut! Nun ist ihr auch die Lust am Kochen vergangen, das Zeitgeschehen berührt sie nicht mehr und stattdessen vertieft sie sich in die Welt der Bücher. Bei einem bestimmten Titel hält sich die Erzählerin erstaunlich lange auf und gibt sich sogar die Mühe, den Inhalt zusammenzufassen. Es handelt sich um Heliodors „*Aethiopica*", ein Werk, das viele Autoren inspiriert hat, wie den großen Cervantes in „*Persiles y Sigismunda*", Mozart in „*Die Zauberflöte*" oder letztendlich Verdi in seiner „*Aida*". Heliodor, der wahrscheinlich im 3. Jahrhundert in Emesa im heutigen Syrien lebte, trifft nicht mehr unseren heutigen Geschmack. In der „*Aethiopica*" oder „*Die Abenteuer der schönen Chariklea*", wie es in den meisten deutschen Übersetzungen heißt, stürzen die Helden Chariklea und Theagenes von einem Abenteuer ins nächste, nicht viel anders als in einer modernen Telenovela. Und nichtsdestotrotz packt diese spannungsgeladene Geschichte jeden Leser ebenso wie Juliet. Die Erzählerin hält sich lange bei den Gymnosophisten auf. Diese waren indische Asketen und Mystiker, die als Wanderer aller Wahrscheinlichkeit nach bis Äthiopien vorgedrungen waren. Sie zeichnen sich durch Reinheit und Desinteresse an weltlichem Besitztum aus. Unter ihnen wächst Chariklea auf. Sie wird in unserer Kurzgeschichte zweimal bei ihrem Namen genannt, einmal ist sie „*eine schöne Maid*" (ebd., S. 174) und ansonsten nur „*das Mädchen*" (ebd., S. 173 und 174). Denn Munro will die Überleitung zu Penelope herstellen. Jemand, der umgeben von Frömmigkeit aufwächst, wird eine „*perverse Sehnsucht nach einem elementaren, ekstatischen Leben*" (ebd., S. 174) empfinden. Vergleichbar mit dem, was das Spirituelle Gleichgewichtszentrum Penelope zu bieten hatte. Juliet möchte ihrem derzeitigen Freund bei der Ausarbeitung des Romans zu einem Musical behilflich sein. Ihre Vorstellung des Inhalts unterscheidet sich gewaltig von dem Heliodors: Juliet wünscht sich eine Heldin, die Scharlatane und Betrüger antrifft, die also die Wirklichkeit kennenlernt und sich nicht von Gymnosophisten oder Hexen Shiptons blenden lässt! Sie will der Welt, aber im Grunde genommen nur Penelope, zeigen, dass diese Reinheit und die Spiritualität Schein und Trug, dass wir Menschen alle fehlerhaft sind. Als Schluss soll die „*Aussöhnung*" (ebd., S. 174) mit der großmütigen Königin von Äthiopien stattfinden, also die zwischen Penelope und Juliet selber. Ein Wunschtraum Juliets, die ihrer Tochter durch diese Parabel die Augen öffnen möchte, die ihr durch die falsche Religiosität einer Hexe Shipton verwischt wurden.

Dass wir an Penelope und an die Vorsteherin des

spirituellen Zentrums denken sollen, wird durch die vermutliche Begegnung Juliets mit letzterer im sofort darauf folgenden Abschnitt deutlich. Juliet ist der Meinung, Hexe Shipton als Angestellte in einem Wohltätigkeitsladen gesehen zu haben. Diese Tätigkeit würde ihren sozialen Abstieg unter Beweis stellen, was für Juliet eine Genugtuung wäre. Es ist auffällig, dass die zur Hexe Shipton gewandelten Figur von Joan nach der reellen Begegnung mit ihr danach immer wieder in der Geschichte Erwähnung findet und fast wie ein Leitmotiv anmutet: Auf den Seiten 153, 154, 156, 157 und zweimal auf Seite 174. Sie steht in starkem Kontrast zu Juliets Lebensauffassung, stellt das Böse dar, das ihr die Tochter entrissen hat. Sie symbolisiert die Gefahr der Verführungen der jungen Menschen, hier in Form von spirituellen Irrlehren.

Das Selbstzitat *„Sie ist mit einem großen Hunger hierher zu uns gekommen"* (ebd., S. 175), von Joan auf Seite 151 ausgesprochen und nun in Kursivschrift übernommen, soll eindeutig die gedankliche Verbindung zu den spirituell reichen Gymnosophisten und der im Gegensatz zu ihnen armen Penelope verstärken. Auch im folgenden Absatz ist die Rede von einem *„edelmütige*(n*) Leben"* (ebd., S. 175), gemeint ist à la Gymnosophisten oder eines Altruisten. Der Einfluss der *Aethiopica* auf Juliet ist nachhaltig! Sie philosophiert weiter, ob sie ihrer Tochter Aufopferung für andere hätte beibringen sollen, was eindeutig nicht ihrer eigenen Lebensauffassung entsprach. Es mutet unlogisch und nicht nachvollziehbar an, dass Juliet, die große Leserin und Kennerin der alten Griechen, sich nicht mit den grundlegenden Fragen der Philosophie, angefangen mit der nach der göttlichen Existenz, befasst haben soll. Ethik, Moral, die Herkunft des Menschen sind alles Themen, die die Werke dieser Autoren füllen. Ein Manko in der Folgerichtigkeit von Munros Auswahl!

Aber wir müssen nochmals zurückgreifen auf das Werk *„Bald"*, auf das Gespräch zwischen der jungen Mutter Juliet und dem Geistlichen Don. Er ist entsetzt, dass sie ihr Kind nicht taufen ließ, denn *„das ist als verweigerten Sie ihm die Nahrung."* (ebd., S. 137). Munro legt hier dem Seelsorger ähnliche Worte wie der Hexe Shipton in den Mund: Nahrung und Hunger in Bezug auf Religion, Spiritualität! Der Mensch scheint richtig nach Letzteren zu gieren. Er benötigt sie genauso wie die tatsächliche Lebensmittelzufuhr.

Diesen Vorwurf der Verweigerung spiritueller Nahrung hat Juliet also bereits als junge Mutter zu hören bekommen und dennoch nichts dagegen unternommen. Sie hat ihr Leben lang bei dem Grundsatz verharrt: *„Aber wir haben die Absicht, sie* (Penelope) *ohne Religion zu erziehen. Ja."* (ebd., S. 137), denn sie betrachtet Religion als *„Lügen"* (ebd., S. 137). Durch die Äußerung: *„Sie (die* Gläubigen) *denken einfach nicht nach"* (ebd., S. 138) stellt sie sich selber als etwas Besseres dar. Über Dons Argumentation ist sie dermaßen erbost, dass sie sich nicht mehr unter Kontrolle hat und in *„Wut"* gerät (ebd., S. 138). Auch ihr Baby, die zur damaligen Zeit bereits sensible Penelope, bekommt die Aufregung der Mutter zu spüren. Eine klare Vorwarnung für spätere Empfindungen der Tochter! Aus diesem frühen Vorfall und dem weiteren Erziehungsverlauf Penelopes wird deutlich, dass Juliet, wohl ähnlich wie Alice Munro selbst, vor lauter Intellektualität keine Spiritualität mehr empfinden kann.

Im elften Kapitel, *„Die Begegnung mit Heather"*, findet zum ersten Mal Juliets Nachname *„Porteous"* (ebd., S. 176) Erwähnung, der dem Leser von *„Entscheidung"* bei der Präsentation von Eric flüchtig dargeboten wurde. Heather, deren Name die Pflanze *Erika* bedeutet, also an etwas Erdnahes, Blühendes, Positives erinnert, trifft Juliet zufällig auf der Straße. Sie berichtet ihr von einer ebenso unvorhergesehenen Begegnung mit Penelope. Somit erfährt Juliet, dass ihre Tochter in einer kleinen Stadt im Norden lebt, fünf Kinder hat und so wohlhabend ist, dass sie sie auf eine Privatschule schickt. Penelope hat allem Anschein nach, den Weg zurück in die Natur gefunden, von wo ihre Mutter sie nach des Vaters Tod entrissen hatte. Folglich ist sie in ihr natürliches Habitat zurückgekehrt, was bedeutet, dass sie die richtige Entscheidung für ihr Leben getroffen hat. Etwas, was Juliet anerkennen sollte, auch wenn es ihr schwerfallen wird!

Heather teilt der verblüfften Juliet ebenfalls mit, dass Penelope genau über den Wohnort ihrer Mutter, Vancouver, im Bilde ist. Dieses Wissen bedeutet, dass sich Penelope auf ihre Weise um die Mutter kümmert, vielleicht Sorgen macht, sie überwacht, sie bewacht. Penelope hat sie nicht komplett aus ihrem Leben ausradiert, die Nabelschnur nicht vollständig gekappt! Die Mutter existiert demnach für sie! Sie bedeutet ihr etwas! Ein äußerst positiver, lobenswerter Charakterzug in Penelopes Wesen, von dem uns in der Geschichte so wenig offenbart wird! In dieser Besorgnis um die Andere können wir eine Parallele zu *„Chariklea"* herstellen: Dort beauftragt die Mutter einen Ägypter, damit er die Tochter aufspürt, da sie um ihr Wohlbefinden bekümmert ist. In *„Schweigen"* sind die Rollen vertauscht!

Nach dem kurzen Zusammentreffen rauscht Heather ebenso schnell davon wie sie erschienen ist, ohne gemerkt zu haben, dass Tochter und Mutter keinen Kontakt mehr miteinander haben. So offenbart sich wieder indirekt eine Ähnlichkeit zwischen den beiden Frauen, denn sie leben in der Lüge; keine von beiden gesteht öffentlich, dass sie verlassen wurde, bzw. dass sie verlassen hat! Aus Scham oder aufgrund des Schmerzes, den auch Penelope vielleicht empfindet! Wie lange der Bruch bereits anhält wird uns ebenso beiläufig durch die vage Altersangabe von Heather, *„vielleicht Ende dreißig"* (ebd., S. 176) mitgeteilt. Das heißt, es sind etwa siebzehn bis neunzehn Jahre seit der ersten Geburtstagskarte vergangen!

Die erhaltenen Informationen verleiten Juliet im folgenden zwölften Kapitel, *„Überlegungen über Penelope"*, dazu, die wenigen Fakten, die sie eben mittels Heather erfahren hat, in einer Art Detektiv- oder Puzzlearbeit zur neuen Lebenslage ihrer Tochter zu verdichten. Ihre Annahme, Penelope lebe im Sinne der Gymnosophisten oder Hexe Shipton ist zunichte gemacht. Im Gegenteil, sie ist eine etablierte, finanziell abgesicherte *„Hausfrau und Mutter"* (ebd., S. 178), keinesfalls eine Mystikerin. Juliet lag mit ihren Annahmen und Selbstbeschuldigungen falsch. Sie hätte sie sich sparen können.

Juliet gelangt zu verschieden Schlussfolgerungen:

1. Es habe ihr an mütterlicher Scheu, an Diskretion und Selbstbeherrschung gefehlt (s. ebd., S. 178).

2. Penelope habe sich von Juliet und von der Erinnerung an sie gelöst; *„Juliet konnte nichts Besseres tun, als sich ihrerseits lösen"* (ebd., S. 179).

3. Penelope existiert nicht. Diejenige, die Juliet sucht, gibt es nicht mehr (vgl. ebd., S. 180).

Vor allem der dritte Schluss ist schwer nachzuvollziehen und deswegen stellt die Erzählerin die Frage: *„Glaubt Juliet das?"* (ebd., S. 180). Penelope hat sich sicherlich verändert; dafür spricht schon Heathers Aussage, sie habe sie nicht erkannt. Aber für die

Mutter wird sie auf ewig die Tochter bleiben, auch wenn sie diese Tatsache zu leugnen versucht. Und Juliet erkennt sehr genau, dass es Penelope von Anfang an nicht klar war, für wie lange sie wegbleiben würde. Erst mit der Zeit entwickelte sich die Endgültigkeit ihres Schrittes. Juliet findet eine Menge Gründe für Penelopes Wegbleiben, aber den wahren Grund ausfindig zu machen, sei bestimmt nicht einfach. Vielleicht kann Penelope sie einfach nicht ausstehen, sagt Juliet. Ja, Freunde kann man aussuchen, die Verwandten aber nicht, so meidet man sie einfach!

Juliet wird die Schuldgefühle nicht los, ähnlich wie in der Situation im Zug in *„Entscheidung"*, wo ein Mann Selbstmord begeht. Dieser Unbekannte hat versucht, mit ihr ins Gespräch zu kommen, sie hat ihn aber abgewiesen. Sie gesteht: *„Und ich sehe nicht böse aus. Ich sehe nicht grausam aus. Aber ich war es"* (s. Munro, *„Entscheidung"* in *„Tricks"*, ebd., S. 80). Sie hat ihm nicht den Kontakt, die menschliche Wärme geboten, die er suchte und dringend brauchte. Verfuhr sie ebenso mit Penelope? Auf jeden Fall befinden sich beide in einem vergleichbaren Zustand, den die Autorin mit dem selben Ausdruck wiedergibt: Der Selbstmörder kam zu Juliet, um *„seinen Hunger zu stillen"* (ebd., S. 69), ein Nomen, das Hexe Shipton ihrerseits in Bezug auf Penelope verwendet, wie wir in dieser Analyse gesehen haben. Ihnen fehlt etwas, das Juliet nicht fähig ist zu übermitteln, dass sie ihnen schuldig bleibt, wiederum ein Begriff, der als Adjektiv und als Substantiv (*„Schuldgefühle"*) in *„Entscheidung"* dreimal auftaucht! Eric, den Juliet bei dieser Bahnfahrt kennenlernt, spricht ihr tröstende Worte zu: *„In Ihrem Leben werden Dinge geschehen – werden wahrscheinlich Dinge geschehen, neben denen Ihnen dies unbedeutend vorkommen wird. Dann werden Sie sich ganz anders schuldig fühlen können"* (ebd., S. 81). Die Übersetzung des zweiten Satzes entspricht nicht ganz dem Original (*„Other things you'll be able to feel guilty about."* S. Munro, *„Chance"* in *„Runaway"*, S. 68). Juliets künftiger Mann, um einige Jahre älter und erfahrenen als sie mit 21 Jahren – Penelopes Alter, als sie die Mutter verlässt! -, sagt ihr voraus, dass das Leben noch Vorfälle in petto hält, bei denen sie echte Schuldgefühle empfinden wird. Der Fall ist in Form von Penelopes Funkstille eingetreten! Um Schuld geht es ebenso in der Lektüre, die Juliet in dieser Geschichte liest. Mehrmals wird der irische Altphilologe, Eric Robertson Dodds, erwähnt und einmal zitiert (vgl. Munro, „*Entscheidung*", S. 78). Er vertritt die Theorie der Entwicklung der Griechen von der Scham- zur Schuldkultur. Die Götter sind die Verursacher und Lenker der menschlichen Handlungen. Aber in „*Schweigen*" gewinnt der Leser nicht den Eindruck, die Schuld liege außerhalb der Person Juliet. Der Mensch ist eigenverantwortlich.

Das letzte, das dreizehnte Kapitel, das man mit „*Hoffnung*" überschreiben könnte, bringt nichts Neues, nichts Aufregendes, denn es kommen keine bewegenden Ereignisse mehr vor. Seit Penelopes Verschwinden ist eine Art Stillstand in Juliets Leben eingetreten. Sie vertieft sich in Forschungen, die sie bestimmt erfüllen, sie in erster Linie aber bewusst oder unbewusst von ihrem Schmerz ablenken. Denn die Hoffnung auf ein Wiedererscheinen der Tochter erlischt nicht, aber sie klammert sich nicht mehr daran. Also hat Juliet so etwas wie Frieden gefunden und die Geschichte endet letztlich nicht in Verzweiflung, sondern mit einem leichten, obwohl fernen Hoffnungsschimmer.

Man mag sich fragen, warum Alice Munro dieses Thema, dieses Tabu der von der Tochter verlassenen Mutter aufgreift. Eine Erklärung wäre, dass sie als ausgezeichnete Menschenkennerin die verschiedenartigsten Probleme vor allem von Frauen meisterhaft analysiert. Andrerseits kommen persönliche Erfahrungen hinzu. Alice Munro spricht im anfangs angegebenen Interview mit „*Die Zeit*" auch über ihre Kindheit, über ihr Verhältnis zur an Parkinson erkrankten Mutter. Sie hat sich von ihr abgewendet, weil sie sich ob ihrer Krankheit, ihrer Degeneration genierte, und sie war auch viel später als Erwachsene nicht beim Tod der Mutter zugegen, da sie selber weit entfernt lebte. Ihre eigene Situation, ihre Gewissensbisse, hat sie in „*Bald*" in der erwähnten Szene, in der Juliet Sara sozusagen den Rücken zukehrt, festgehalten. Es ist vielleicht Munros Art, ihre Mutter um Vergebung zu bitten und ihr gleichzeitig ein Monument zu setzen, ohne sie als die eigene Mutter zu bezeichnen. Es ist auch möglich, dass die meisten Menschen solche mehr oder minder großen Gewissensbisse mit sich herumtragen und nicht früh genug mit der betroffenen Person klären.

Dass das Verhältnis zwischen Müttern und Töchtern kompliziert sein kann, hat auch Munros eigene Tochter klar zum

Ausdruck gebracht: „*Meine Mutter ist eine Ikone. Und was kann man mit einer Ikone anderes tun, als zu ihr zu beten oder sie zu ignorieren oder in Stücke zu schlagen?*" Eine Aussage, die auch für Penelope zutreffen würde, die ebenfalls unter einer berühmten Mutter gelitten hat. Sheila Munro schreibt in den 2001 erschienenen „*Lives of Mothers and Daughters: Growing up with Alice Munro*" eine Art Biografie über ihre Mutter. Anlass dazu erhielt sie von Alice persönlich. Sheila und ihre zwei Geschwister litten darunter, dass Alice zu wenig Zeit für sie hatte. Andrerseits wuchsen sie dadurch ohne Druck auf. Übrigens profitierte Alice von der Hausarbeit, die ihr die Möglichkeit zum Nachdenken bot, ebenso wie Juliet den Job im Café als willkommene Abwechslung und Ausgleich zu ihren Studien betrachtet.

„*Schweigen*" ist eine traurige Geschichte, die ohne Pathos abläuft und wie die meisten von Munros Erzählungen ein offenes Ende bietet.

Bibliographie

Arx von, Ursula, „*Liebe lebenslänglich*", Zürich 2013
Avril, Nicole, „*Moi, Dora Maar*", Paris 2002
Becker-Richter, M., „*Mutter ist an allem schuld*", München 2006
Hosseini, Khalid, „*And the Mountains Echoed*", New York 2014
Jolig, Sam, „*Böse Mutter, gute Mutter*", München 2012
Kast, Verena, „*Wenn wir uns versöhnen*", Stuttgart 2005
Krasnow, Iris, „*Ich bin die Tochter meiner Mutter*", München 2006
Krüll, Marianne, „*Die Mutter in mir*", Stuttgart 2007
Linder Hintze, Rebecca, „*Das Erbe der Familie*", München 2007
Munro, Alice, „*Runaway*", New York 2005
Munro, Alice, „*Tricks*", Frankfurt 2008
Nuber, Ursula, „*Lass die Kindheit hinter dir*", Frankfurt 2009
Pettenberg, Uwe, „*Ihr macht mich alle krank!*", München 2013
Roth, Joseph, „*Radetzkymarsch*", München 2007
Schurmann, Beate und Scherrmann, Manfred, „*Endlich im Frieden mit den Eltern*", Freiburg 2012
Soliman, Tina, „*Funkstille*", Stuttgart 2011
Turgenjew, Iwan, „*Väter und Söhne*", Leipzig 1964
Zittlan, Jörg, „*Sie meinten's herzlich gut*", Berlin 2010